TAPAS

KÖNEMANN

Tapas

Tapas sind mit der spanischen Lebensart untrennbar verbunden: Frische Meeresfrüchte oder eingelegte Oliven kann man mit einem Glas gekühlten Sherry in den Gaststätten ganz Spaniens genießen.

Das Word Tapas kommt von *tapa*, dem spanischen Wort für „Deckel". Und anfangs waren die Tapas damit auch exakt beschrieben: eine Scheibe Brot oder Schinken, die in einer Bar oder Gaststätte als Abdeckung gegen die Fliegen auf ein Glas Sherry gelegt wurde. Dazu verstärkten die salzigen, kostenlosen Häppchen auch noch den Durst, und man versprach sich davon zusätzlichen Getränkeumsatz.

Seither wurden die Tapas ständig verbessert und sind jetzt oft der Hauptgrund für den Besuch einer Bar. Tapas stehen heute für mehr als nur gutes Essen: In Spanien repräsentieren sie eine ganze Lebensart. Die Spanier nehmen ihr Mittagessen für gewöhnlich nicht vor 14 oder 15 Uhr und das Abendessen erst gegen 22 Uhr ein. Gegen den Hunger zwischendurch werden in geselliger Runde Tapas mit einem kalten Getränk genossen. (Ob man die Tapas eigens zur Überbrückung dieser Lücke erfand oder das Abendessen zugunsten der Tapas einfach auf einen späteren Zeitpunkt verlegte, wird allerdings ein Geheimnis bleiben.) Tapas werden zwar in kleinen Portionen angeboten, aber viele sind mehr als eine Vorspeise und reichlich genug – oft auch für eine Hauptspeise.

Spanisches Essen ist nicht so scharf und würzig im Geschmack wie die südamerikanische Küche, obwohl viele der Zutaten dort ihren Ursprung ha-

Von links nach rechts: Kapern; Käse; Chorizowurst; Garnelen mit Zitronenspalten; Schinken; eingelegte Zwiebeln; marinierte rote Paprikaschoten (Seite 35); marinierte Oliven (Seiten 11–12); Gemüsepaprika mit Knoblauch (Seite 13) und Artischocken in aromatischer Vinaigrette (Seite 15)

ben. Die spanische Küche verwendet frische Meeresfrüchte, sonnengereifte Tomaten und Paprikaschoten bis hin zu regionalen Gerichten mit geräucherten Fleisch- und Fischsorten, deren Aroma häufig mit Safran, Paprika und kräftigem Olivenöl angereichert wird. Tapas sind die perfekten Häppchen für eine Party, können als Vorspeise für ein kleines Abendessen angeboten werden oder sogar eine größere Gesellschaft bewirten.

Die Rezepte in diesem Buch sind für ca. 4 Personen berechnet, wenn sie zusammen mit einigen anderen Gerichten gereicht werden. Sollen die Tapas eine gesamte Mahlzeit ersetzen, sollten Sie pro Person zwei Rezepte rechnen und dazu reichlich knuspriges Brot für den Rest der köstlichen Saucen reichen.

Der Kauf von hochwertigem spanischem Olivenöl extra vergine lohnt sich, da es den Gerichten zusätzliches Aroma verleiht. Kleine Tonschalen sorgen für die Authentizität und eignen sich gut zum Servieren, da in ihnen die Tapas häufig sowohl zubereitet als auch gereicht werden können. Viele Tapas werden kalt oder zimmerwarm serviert und können in Buffetform angeboten werden. Andere können im voraus zubereitet werden und erhalten den letzten „Schliff" erst kurz vor dem Servieren. Einfach in eine Schale füllen und heiß herumreichen.

Welches Getränk paßt zu Tapas? Eine gute Ergänzung sind Erfrischungsgetränke, Bier, Wein oder ein Krug eisgekühlte Sangria. Aber für einen typisch spanischen Genuß eignet sich nichts besser als gekühlter trockener Sherry.

Tapas

Bieten Sie für eine Tapas-Party eine Auswahl warmer und kalter Gerichte an und wählen Sie einige Rezepte aus, die im voraus zubereitet werden können.

Schinken-Oliven-Pasteten

Zubereitungszeit: 45 Min.
Kühlzeit: 5 Min.
Back- und Garzeit: 25 Min.
Ergibt ca. 15 Stück

2 Eier
40 g gefüllte grüne Oliven, gehackt
95 g Schinken, feingehackt
30 g Cheddar, gerieben
3 Platten Tiefkühlblätterteig, aufgetaut
1 Eigelb, leicht verquirlt

1. Die Eier in einem kleinen Topf mit Wasser bedeckt zum Kochen bringen. 10 Minuten kochen lassen, abtropfen und 5 Minuten in kaltem Wasser abkühlen lassen. Dann die Eier pellen und kleinschneiden.
2. Eier, grüne Oliven, Schinken und Cheddar in einer großen Schüssel mischen. Backofen auf 220°C vorheizen. Zwei Backbleche einfetten.
3. Blätterteigplatten in Scheiben von 10 cm Durchmesser schneiden. (Jede Platte sollte ca. fünf Scheiben ergeben.) 1 EL Schinken- und Olivenmischung in die Mitte jeder Scheibe setzen, den Blätterteig über die Füllung falten und die Ränder zum Verschließen fest andrücken.
4. Pasteten mit ca. 2 cm Abstand auf die Backbleche legen. Mit Eigelb bestreichen und auf der mittleren bzw. oberen Schiene 15 Minuten braun backen. Nach 10 Minuten die Backbleche tauschen und locker mit Alufolie abdecken, wenn die Pasteten zu dunkel werden. Heiß servieren.

NÄHRWERT PRO STÜCK:
Eiweiß 5 g; Fett 10 g; Kohlenhydrate 12 g; Cholesterin 50 mg; 660 kJ (160 kcal)

Schinken-Oliven-Pasteten

Kalbswürstchen in Weißwein

Zubereitungszeit:
10 Min.
Garzeit:
10 Min.
Für 4 Personen

2 TL Olivenöl
4 Kalbswürstchen (s. Hinweis)
1 Knoblauchzehe, gehackt
125 ml trockener Weißwein
4 EL Hühnerbrühe
2 TL frisch gehackte glattblättrige Petersilie
Salz und frisch gemahlener schwarzer Pfeffer, nach Geschmack

1. Öl in einer Pfanne erhitzen, Würstchen hineingeben und 5 Minuten bei mittlerer Hitze rundum braun braten. Auf Küchenpapier abtropfen lassen. Leicht abgekühlte Würstchen schräg in 3 cm lange Stücke schneiden.
2. Knoblauch in die heiße Pfanne geben und bei mittlerer Hitze unter Rühren 30 Sekunden andünsten. Bei starker Hitze Wein und Hühnerbrühe zugeben. 3 Minuten köcheln lassen, bis die Flüssigkeit um ca. zwei Drittel eingekocht ist (es sollte nur wenig Flüssigkeit in der Pfanne bleiben). Würstchen wieder in die Pfanne geben und unter Rühren 30 Sekunden erhitzen. Vom Herd nehmen, Petersilie einrühren und mit Salz und frisch gemahlenem schwarzem Pfeffer abschmecken. Heiß mit knusprigem Brot servieren.

NÄHRWERT PRO PORTION:
Eiweiß 11 g; Fett 3 g; Kohlenhydrate 0,5 g; Cholesterin 40 mg; 410 kJ (98 kcal)

Hinweis: Kalbswürstchen sind in Feinkostmetzgereien erhältlich und werden häufig aus Schweine- und Kalbshackfleisch hergestellt. Sollen gewürzte Würstchen verwendet werden, wählen Sie solche mit mediterranen, nicht mit asiatischen Gewürzen.

Spanische Rindfleischspieße

Zubereitungszeit:
15 Min.
Marinierzeit:
2 Std.
Garzeit:
5 Min.
Ergibt 12 Stück

12 Holzspieße (15,5 cm lang)
1 kg Rumpsteak
3 Knoblauchzehen, gehackt
1 EL frisch gehackte glattblättrige Petersilie
80 ml Zitronensaft
½ TL schwarzer Pfeffer

Paprika-Dressing
2 TL Paprika
¼ TL Cayennepfeffer
½ TL Salz
2 EL Rotweinessig
80 ml Olivenöl

1. Holzspieße 1 Stunde in Wasser tränken, damit sie beim Garen nicht verbrennen.
2. Rumpsteak von überschüssigem Fett befreien und in 3 cm große Stücke schneiden. Fleisch, Knoblauch, Petersilie, Zitronensaft und Pfeffer in einer Schüssel mischen und mit Klarsichtfolie abgedeckt 2 Stunden im Kühlschrank marinieren lassen.
3. Für das Paprika-Dressing Paprika, Cayennepfeffer, Salz, Essig und Öl gut verrühren.
4. Backofen- oder Holzkohlegrill vorheizen. Die marinierten Fleischstücke auf die Spieße stecken und 5–6 Minuten gar rösten, dabei einmal wenden. Spieße mit Paprika-Dressing beträufeln und heiß mit Zitronenspalten oder gemischtem Kopfsalat servieren.

NÄHRWERT PRO STÜCK:
Eiweiß 20 g; Fett 8,5 g; Kohlenhydrate 0,5 g; Cholesterin 55 mg; 660 kJ (160 kcal)

Kalbswürstchen in Weißwein (oben) und Spanische Rindfleischspieße

Calamari à la Romana

Zubereitungszeit:
10 Min.
Kühlzeit:
30 Min.
Garzeit:
10 Min.
Für 4 Personen

350 g gesäuberte kleine Kalmarmäntel
½ TL Salz
40 g Mehl
¼ TL schwarzer Pfeffer
Öl, zum Fritieren
Zitronenspalten, zum Servieren

1. Kalmarmäntel in 1 cm breite Ringe schneiden. Ringe mit dem Salz mischen, abgedeckt 30 Minuten kalt stellen und auf Küchenpapier trocknen lassen.
2. Mehl und Pfeffer in einer Schüssel mischen. Eine tiefe gußeiserne Pfanne zu einem Drittel mit Öl füllen und auf 180°C erhitzen (ein Brotwürfel bräunt darin in 15 Sekunden). Einige Kalmarringe in Mehl wenden und 3 Minuten hellbraun und knusprig fritieren, dabei im Öl wenden. Die übrigen Portionen erst unmittelbar vor dem Fritieren in Mehl wenden. Auf einem Küchenpapierstapel abtropfen lassen und heiß mit den Zitronenspalten servieren.

NÄHRWERT PRO PORTION:
Eiweiß 15 g; Fett 3,5 g; Kohlenhydrate 7 g; Cholesterin 175 mg; 520 kJ (125 kcal)

Patatas Bravas

Zubereitungszeit:
15 Min.
Garzeit:
55 Min.
Für 6 Personen

800 g festkochende Kartoffeln, in 3–4 cm große Stücke geschnitten
4 EL Olivenöl

Pikante Tomatensauce
1 EL Olivenöl
1 kleine Zwiebel, gehackt
1 Knoblauchzehe, zerdrückt
½ TL gemahlener Kreuzkümmel
½ TL Chilipulver
1 TL Paprika
4 EL trockener Weißwein
2 reife Tomaten, feingehackt
1 EL Tomatenmark
1 Spritzer Tabascosauce
1 EL frisch gehackte glattblättrige Petersilie

1. Backofen auf 210°C vorheizen. Kartoffelstücke auf einem 20 x 30 cm großen Backblech verteilen und mit Öl übergießen. Mit etwas Salz bestreuen und durch leichtes Schütteln rundum einölen. 40 Minuten auf der oberen Schiene hellbraun backen, dabei einmal wenden.
2. Für die pikante Tomatensauce Öl in einem Topf erhitzen. Zwiebel hineingeben und bei mittlerer Hitze 3 Minuten dünsten, dabei gelegentlich umrühren. Knoblauch, Kreuzkümmel, Chilipulver und Paprika zugeben und 1 Minute mitdünsten. Bei starker Hitze den Wein zugeben. 30 Sekunden köcheln lassen, dann Hitze reduzieren und Tomaten und Tomatenmark zugeben. 10 Minuten zu einer dickflüssigen Sauce einkochen, dabei gelegentlich umrühren.
3. Sauce in der Küchenmaschine oder mit dem Mixer pürieren. In den Topf zurückgeben und wieder erhitzen, dabei Tabasco, Petersilie und etwas Salz unterrühren. Sauce über die Kartoffeln geben und heiß servieren.

NÄHRWERT PRO PORTION:
Eiweiß 4,5 g; Fett 15 g; Kohlenhydrate 20 g; Cholesterin 0 mg; 920 kJ (220 kcal)

Calamari à la Romana (oben) und Patatas Bravas

Jakobsmuschel-Ceviche

Zubereitungszeit:
20 Min.
Marinierzeit:
2 Std.
Ergibt 15 Stück

15 Jakobsmuscheln in der halben Schale
1 TL feingeriebene Limonenschale
2 Knoblauchzehen, gehackt
2 rote Chilischoten, entkernt und gehackt
4 EL Limonensaft
1 EL frisch gehackte Petersilie
1 EL Olivenöl
Salz und frisch gemahlener schwarzer Pfeffer, nach Geschmack

1. Muscheln aus ihrer halben Schale nehmen. Müssen die Muscheln aus den Schalen herausgeschnitten werden, hierfür ein kleines, scharfes Küchenmesser verwenden, um das anhaftende Stück vorsichtig von der Schale zu trennen; möglichst wenig Muschelfleisch in der Schale lassen. Dunklen Darm und weißen Muskel entfernen und die Schalen säubern.
2. Limonenschale, Knoblauch, Chilischoten, Limonensaft, Petersilie und Olivenöl in einer Schüssel verrühren und mit Salz und frisch gemahlenem schwarzem Pfeffer abschmecken. Muscheln in das Dressing geben und durch Rühren rundum damit bedecken. Mit Klarsichtfolie abgedeckt 2 Stunden im Kühlschrank marinieren.
3. Zum Servieren die Muscheln zurück in die halben Schalen legen und das Dressing darübergeben. Kalt servieren.

NÄHRWERT PRO STÜCK:
Eiweiß 1,5 g; Fett 1,5 g; Kohlenhydrate 0,5 g; Cholesterin 4 mg; 85 kJ (20 kcal)

Hinweis: Die Muscheln halten sich im Dressing bis zu 2 Tagen.

Spargel-Teigtaschen

Zubereitungszeit:
20 Min.
Back- und Garzeit:
25 Min.
Ergibt 16 Stück

16 frische Spargelspitzen
½ TL Salz
½ TL schwarzer Pfeffer
2 EL geriebene Zitronenschale
2 Platten Tiefkühlblätterteig, aufgetaut
1 Eigelb
1 EL Sesamkörner

1. Backofen auf 200°C vorheizen.
2. Spargel in einen großen Topf mit leicht gesalzenem, kochendem Wasser geben. Ca. 3 Minuten köcheln lassen, abtropfen lassen und unter fließendem kaltem Wasser abschrecken. In 10 cm lange Stücke schneiden.
3. Salz, schwarzen Pfeffer und Zitronenschale in einer flachen Schale mischen und alle Spargelspitzen leicht darin rollen.
4. Blätterteigplatten in 6 cm x 12 cm große Rechtecke schneiden und jeweils eine Spargelspitze darauf legen. Eigelb mit 2 TL Wasser in einer Schüssel verrühren und Seiten und Kanten des Blätterteigs damit bestreichen. Blätterteig wie ein Päckchen aufrollen, dabei die Seiten einschlagen, so daß der Spargel komplett eingerollt ist. Kanten mit einer Gabel zusammendrücken.
5. Päckchen auf leicht gefettete Backbleche legen. Mit dem übrigen Eigelb bestreichen und einige Sesamkörner darüber streuen.
6. Spargel-Teigtaschen ca. 15–20 Minuten goldbraun backen. Heiß oder kalt servieren.

NÄHRWERT PRO STÜCK:
Eiweiß 2 g; Fett 6 g; Kohlenhydrate 7,5 g; Cholesterin 30 mg; 395 kJ (95 kcal)

Jakobsmuschel-Ceviche (oben) und Spargel-Teigtaschen

Weiße Knoblauchsuppe mit Weintrauben

Zubereitungszeit: 20 Min.
Kühlzeit: 1 Std.
Für 4 Personen

80 g frische Semmelbrösel
185 ml Milch
125 g blanchierte Mandeln
2 Knoblauchzehen, grobgehackt
2 EL Olivenöl extra vergine
2 EL Sherryessig
375 ml Eiswasser
etwas Salz
135 g kernlose helle Weintrauben, geschält

1. Semmelbrösel in einer Schüssel 5 Minuten in der Milch einweichen.
2. Mandeln, Knoblauch und etwas Salz in der Küchenmaschine fein zerkleinern (nicht zu sehr, da die Mandeln sonst ölig werden können). Eingeweichte Semmelbrösel zugeben und glattrühren. Nach und nach das Olivenöl zugeben und zu einer dickflüssigen, cremigen Masse verarbeiten.
3. Masse in eine große Schüssel füllen und nach und nach Essig und Wasser einrühren. Abgedeckt im Kühlschrank 1 Stunde ruhen lassen, bis die Suppe ganz abgekühlt ist. Mit Salz abschmecken und mit Weintrauben bestreut servieren.

NÄHRWERT PRO PORTION:
Eiweiß 10 g; Fett 30 g; Kohlenhydrate 20 g; Cholesterin 6 mg; 1650 kJ (395 kcal)

Bohnensalat

Zubereitungszeit: 15 Min.
Einweichzeit: 1 Nacht
Marinierzeit: 1 Std.
Garzeit: 55 Min.
Für 4–6 Personen

185 g getrocknete Limabohnen
2 Eier
90 g gefüllte grüne Oliven, in Scheiben geschnitten
1 Knoblauchzehe, feingehackt
1 EL frisch gehackte glattblättrige Petersilie
2 EL Olivenöl extra vergine
3 TL Rotweinessig
¼ TL Paprika
Salz und frisch gemahlener schwarzer Pfeffer, nach Geschmack

1. Bohnen in reichlich Wasser über Nacht einweichen. Abtropfen lassen. Bohnen in einen Topf mit kochendem Wasser geben, aufkochen lassen und zeitweilig abgedeckt 35–45 Minuten bei mittlerer Hitze bißfest kochen (manche Bohnen brauchen etwas länger). Abtropfen lassen.
2. Eier in einem kleinen Topf mit Wasser zum Kochen bringen und 10 Minuten kochen. Abtropfen und 5 Minuten in kaltem Wasser abkühlen lassen, pellen und hacken.
3. Bohnen, Eier, Oliven, Knoblauch und Petersilie in einer Schüssel mischen. Olivenöl, Essig, Paprika und etwas Salz und frisch gemahlenen schwarzen Pfeffer in einem Rührbecher gut verrühren. Dressing über die Bohnenmischung geben und den Salat gut mischen.
4. Vor dem Servieren mindestens 1 Stunde abgedeckt bei Zimmertemperatur marinieren lassen. Der Salat kann auch über Nacht kalt gestellt werden, denn je länger die Marinierzeit, desto kräftiger das Knoblaucharoma.

NÄHRWERT PRO PORTION:
Eiweiß 4,5 g; Fett 8,5 g; Kohlenhydrate 4 g; Cholesterin 60 mg; 465 kJ (110 kcal)

Hinweis: Anstelle von Limabohnen können für dieses Rezept auch Kichererbsen verwendet werden.

Weiße Knoblauchsuppe mit Weintrauben (oben) und Bohnensalat

Tahinipaste auf den Blätterteigplatten bis zum Rand verstreichen.

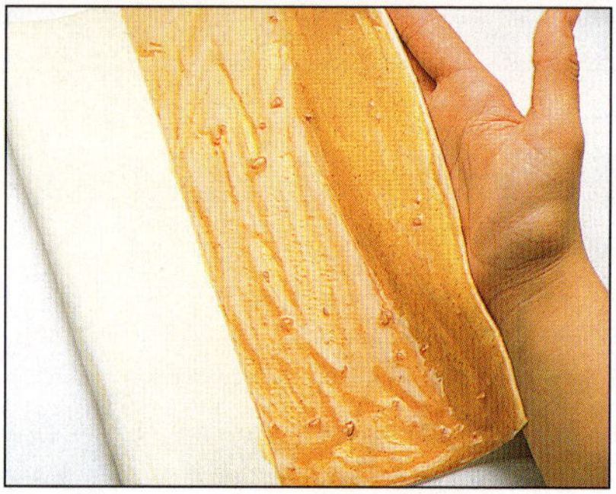

Die Blätterteigplatte so einschlagen, daß sich die Kanten in der Mitte treffen.

Tahini- und Chilirollen

Zubereitungszeit:
25 Min.
Kühlzeit:
30 Min.
Garzeit:
20 Min.
Ergibt 32 Stück

135 g Tahini (Sesampaste)
1 frische rote Chilischote, entkernt und feingehackt
½ TL Paprika
2 Platten Tiefkühlblätterteig, aufgetaut

1. Backofen auf 200°C vorheizen.
2. Tahinipaste, Chilischote und Paprika in einer Schüssel verrühren und mit etwas Salz abschmecken. Diese Paste auf beiden Blätterteigplatten bis zum Rand verstreichen.
3. Eine Blätterteigplatte von beiden Seiten einschlagen, so daß die Kanten in der Mitte aufeinandertreffen. Dann eine Seite so über die andere legen, daß die Platte aussieht wie ein geschlossenes Buch. Mit der anderen Platte und der übrigen Tahini-Mischung ebenso verfahren. Blätterteig in diesem Zustand mindestens 30 Minuten kalt stellen, damit er fest wird und leichter verarbeitet werden kann.
4. Blätterteig in 1 cm dicke Rollen schneiden. Zwei Backbleche mit Backpapier auslegen und die Rollen darauf verteilen, dabei etwas Abstand lassen, damit die Rollen noch etwas verlaufen können.
5. Rollen 10–12 Minuten auf einer Seite backen, wenden und weitere 5–6 Minuten goldbraun backen. Besonders köstlich schmecken sie zimmerwarm oder kalt.

Tahini- und Chilirollen

NÄHRWERT PRO STÜCK:
Eiweiß 1,5 g; Fett 5 g; Kohlenhydrate 4 g; Cholesterin 2,5 mg; 270 kJ (65 kcal)

Hinweis: Zum Tiefkühlen der Blätterteigrollen legen Sie die ungebackenen Rollen auf ein Blech und lassen sie im Gefrierfach fest werden. Die Rollen dann in Gefrierbeutel verpacken. Bei Bedarf die gefrorenen Rollen auf die beiden Backbleche legen und auftauen lassen, dann nach Rezept backen. Die gebackenen Rollen können in einem luftdichten Behälter bis zu 1 Woche aufbewahrt werden. Wenn sie weich zu werden beginnen, die Rollen bei mittlerer Hitze im Backofen 3–5 Minuten aufbacken und auf einem Rost abkühlen lassen. Als Füllungsvariation den Blätterteig dünn mit etwas Tapenade (Olivenpaste) oder Mark von sonnengetrockneten Tomaten bestreichen.

Eine Seite so über die andere legen, daß es wie ein geschlossenes Buch wirkt.

Blätterteig mit einem scharfen Messer in 1 cm dicke Scheiben schneiden.

Gefüllte Paprika

Zubereitungszeit:
40 Min. + Kühlzeit
Garzeit:
20 Min.
Ergibt ca. 20 Stück

5 große rote Paprikaschoten
60 g Butter
1 kleine eingelegte Zwiebel, feingehackt
1 Knoblauchzehe, zerdrückt
30 g Mehl
250 ml Milch
3 Dosen (à 100 g) Thunfisch in Öl, abgetropft
1 EL frisch gehackte glattblättrige Petersilie
etwas Salz
85 g Mehl zusätzlich
2 Eier, leicht verquirlt
½ TL Paprika
65 g Paniermehl
Öl, zum Fritieren

1. Backofengrill vorheizen. Paprikaschoten vierteln. Mit der Außenseite nach oben grillen, bis die Haut schwarz wird und Blasen wirft. Paprika in einem Gefrierbeutel abkühlen lassen, dann die Haut abziehen.
2. Butter bei mittlerer Hitze in einem Topf zerlassen. Zwiebel hineingeben und unter Rühren ca. 2 Minuten dünsten. Knoblauch zugeben und 1 Minute mitdünsten. Mehl zugeben und eine Minute rühren, bis sich Blasen bilden und die Masse Farbe annimmt. Vom Herd nehmen, nach und nach die Milch zugeben und mischen, bis eine glatte Masse entsteht. Unter Rühren erneut 1 Minute aufkochen lassen, bis die Mischung dickflüssig wird und nicht mehr an der Topfwand haftet. Thunfisch, Petersilie und etwas Salz einrühren. Masse in eine Schüssel geben und mit Klarsichtfolie abgedeckt abkühlen lassen.
3. Auf das untere Ende jedes Paprikaviertels je 1 EL Füllung geben, aufrollen und mit einem Zahnstocher feststecken. Das zusätzliche Mehl in eine Schale, die Eier in eine flache Schüssel geben. Paprikapulver und Paniermehl in einer weiteren flachen Schale mischen.
4. Paprikaviertel erst in Mehl, dann in den Eiern wenden, überschüssiges Ei abtropfen lassen. Zuletzt im Paniermehl wenden.
5. Eine tiefe gußeiserne Pfanne zu einem Drittel mit Öl füllen und auf 180°C erhitzen (ein Brotwürfel bräunt darin in 15 Sekunden). Paprika portionsweise 2 Minuten goldbraun fritieren. Auf Küchenpapier abtropfen lassen und die Zahnstocher entfernen. Heiß servieren.

NÄHRWERT PRO STÜCK:
Eiweiß 6 g; Fett 7,5 g; Kohlenhydrate 5 g; Cholesterin 35 mg; 470 kJ (110 kcal)

Geschmorter Fenchel

Zubereitungszeit: 15 Min.
Garzeit: 20 Min.
Für 4 Personen

1 Fenchelknolle
½ Zwiebel, in dünne Spalten geschnitten
½ TL Zucker
2 EL Zitronensaft
80 ml Olivenöl
Salz und gemahlener schwarzer Pfeffer, nach Geschmack

1. Backofen auf 180°C vorheizen. Die äußeren Blätter vom Fenchel entfernen und die Knolle durch das Herz halbieren. Jede Hälfte in 8 Spalten schneiden, dabei jeweils durch das Herz schneiden, damit die Stücke nicht zerfallen.
2. Fenchel- und Zwiebelspalten auf ein Backblech legen und mit Zucker bestreuen. Mit Zitronensaft, Olivenöl und 2 EL Wasser übergießen und mit Salz und Pfeffer abschmecken. Zuerst mit Backpapier, dann mit Alufolie abdecken und 20 Minuten backen, bis der Fenchel weich ist, aber nicht zerfällt. Heiß servieren.

NÄHRWERT PRO PORTION:
Eiweiß 1,5 g; Fett 20 g; Kohlenhydrate 5,5 g; Cholesterin 0 mg; 840 kJ (200 kcal)

Gefüllte Paprika (oben) und Geschmorter Fenchel

Gegrillte Sardinen mit Gurke

Zubereitungszeit: 20 Min.
Marinierzeit: 30 Min.
Abtropfzeit: 15 Min.
Garzeit: 10 Min.
Ergibt 30 Stück

30 Sardinen-Doppelfilets ohne Köpfe (s. Hinweis)
2 EL Olivenöl
2 EL Pflanzenöl
2 EL Zitronensaft
2 Knoblauchzehen, in Scheiben geschnitten
1 EL frische Oreganoblätter
1 Salatgurke
¼ TL Zucker
etwas Salz

1. Die Hälfte der Sardinen in einer Schicht in eine Schale legen. Oliven- und Pflanzenöl, Zitronensaft, Knoblauch und Oreganoblätter verrühren und die Hälfte der Mischung über die Sardinen gießen. Die übrigen Sardinen darauf legen und mit der restlichen Marinade übergießen. Mit Klarsichtfolie abgedeckt 30 Minuten im Kühlschrank marinieren.
2. In der Zwischenzeit mit einem breiten Gemüseschäler der Länge nach Streifen von der Gurke abschneiden, so daß diese vier gerade Seiten erhält, dabei kein Fruchtfleisch mit Kernen abschneiden. Dies sollte ca. 15 Gurkenstreifen ergeben. Die Streifen halbieren, so daß 30 Streifen von gleicher Länge wie die Sardinen entstehen.
3. Boden und Seiten eines Siebs flach mit den Gurkenstreifen auslegen und diese mit Zucker und etwas Salz bestreuen. Gesamten Saft 15 Minuten über einer Schüssel abtropfen lassen.
4. Backofengrill vorheizen. Gurkenstreifen gut abspülen und mit Küchenpapier trockentupfen. Je einen Streifen auf die Innenseite der Sardinen legen, aufrollen und mit Zahnstochern feststecken.
5. Die Hälfte der Sardinen 5 Minuten gar grillen. Mit dem Rest ebenso verfahren. Heiß, eventuell mit einer Schüssel Tsatsiki servieren.

NÄHRWERT PRO STÜCK:
Eiweiß 5 g; Fett 5 g; Kohlenhydrate 0 g; Cholesterin 25 mg; 268 kJ (65 kcal)

Hinweis: Sardinen-Doppelfilets sind ausgenommene, entgrätete und flach auseinandergelegte Filets.

Gegrillte Sardinen mit Gurke (oben) und Karotten und Oliven

Karotten und Oliven

Zubereitungszeit: 25 Min.
Garzeit: 15 Min.
Für 4 Personen

2 EL Olivenöl extra vergine
500 g junge Karotten, in 5 cm x 5 mm große Stifte geschnitten
1 Knoblauchzehe, feingehackt
1 EL frisch gehackte glattblättrige Petersilie
12 grüne spanische Oliven, entsteint und in Scheiben geschnitten
Salz und gemahlener schwarzer Pfeffer, nach Geschmack
1 EL gehobelte Mandeln, leicht geröstet

1. Olivenöl in einer gußeisernen Pfanne erhitzen, Karottenstifte hineingeben und abgedeckt bei schwacher Hitze ca. 10 Minuten bißfest dünsten. Die Pfanne gelegentlich schwenken.
2. Knoblauch, Petersilie und grüne Oliven zugeben und verrühren.
3. Mit Salz und frisch gemahlenem schwarzem Pfeffer abschmecken. Karotten bei schwacher Hitze 1 Minute in der Pfanne schwenken. Gehobelte Mandeln einrühren und warm servieren.

NÄHRWERT PRO PORTION:
Eiweiß 2,5 g; Fett 15 g; Kohlenhydrate 7 g; Cholesterin 0 mg; 635 kJ (150 kcal)

Marinierte Oliven

Mit ihrer köstlichen Schärfe sind Oliven die perfekte Ergänzung zu kühlen Getränken. Sie lassen sich problemlos selbst marinieren und bleiben im Kühlschrank monatelang frisch.

TIPS ZUM MARINIEREN
Damit die Oliven nicht zu salzig werden, vor dem Marinieren abspülen und mit Küchenpapier trockentupfen. Feste Oliven können dann aufgebrochen oder eingeschnitten werden, um das Aroma zu verstärken. Zum Einschneiden werden sie mit zwei oder drei Längsschnitten versehen. Aufgebrochen werden sie durch dieselben Schnitte und anschließendes Flachdrücken zwischen Küchenpapierblättern. Ihr volles Aroma entfalten Oliven bei Zimmertemperatur, daher sollten sie eine halbe Stunde vor dem Servieren aus dem Kühlschrank genommen werden. Marinierte Oliven halten sich in sterilisierten Schraubgläsern monatelang, wenn sie vollständig in Olivenöl eingelegt sind und im Kühlschrank aufbewahrt werden. Überschüssige Olivenmarinade kann auch als Salatdressing verwendet werden.

ZITRONENOLIVEN MIT WERMUT
3 EL trockenen Wermut, 1 EL Zitronensaft, 2 TL geraspelte Zitronenschale und 2 EL Olivenöl extra vergine verrühren. 170 g grüne spanische oder gefüllte Oliven abspülen und trockentupfen. Oliven in die Marinade geben und gut vermischen. Abgedeckt 1–2 Stunden stehen lassen oder über Nacht kalt stellen.

PIKANTE WARME OLIVEN
4 EL Olivenöl extra vergine, 1 kleingeschnittene Knoblauchzehe, 2 TL frisch gehackten Thymian, 1 TL frisch gehackten Rosmarin, je ½ TL gemahlenen Kreuzkümmel und feingehackte frische Chilischote sowie etwas

schwarzen Pfeffer in einen Topf geben. 170 g gemischte schwarze und grüne spanische Oliven abspülen und trockentupfen. In den Topf geben und sehr vorsichtig bis zur Entfaltung des Olivenaromas erwärmen. Sofort servieren.

FRITIERTE OLIVEN
120 g gefüllte grüne spanische Oliven abspülen und trockentupfen. 1 Ei in einer flachen Schüssel leicht verquirlen. In eine weitere flache Schüssel 100 g Paniermehl geben. Oliven einzeln zuerst im Ei, dann im Paniermehl wenden. Vorgang wiederholen, so daß eine doppelte Panade entsteht. In leichtem Olivenöl goldbraun braten oder fritieren. Auf Küchenpapier abtropfen lassen und warm servieren. (Nicht zu heiß verzehren.)

OLIVEN MIT SONNENGETROCKNETEN TOMATEN
500 g schwarze spanische Oliven abspülen und trockentupfen. Oliven einschneiden oder aufbrechen. Zusammen mit 100 g abgetropften und kleingeschnittenen sonnengetrockneten Tomaten (Öl auffangen), 2 zerdrückten Knoblauchzehen, 2 Lorbeerblättern, 3 TL frischen Thymianblättern und 2 TL Rotweinessig in eine Schüssel oder ein Schraubglas schichten. Das aufgefangene Öl der sonnengetrockneten Tomaten und 250 ml Olivenöl extra vergine darüber gießen, bis die Oliven ganz bedeckt sind. Abgedeckt 1–2 Stunden stehen lassen oder über Nacht kalt stellen.

KRÄUTEROLIVEN
4 EL Olivenöl extra vergine, 1 zerdrückte Knoblauchzehe, 2 TL Sherryessig, je 1 EL frisch gehackten Majoran und Basilikum, 1 zerkleinertes Lorbeerblatt und etwas schwarzen Pfeffer verrühren. Je 85 g schwarze und grüne spanische Oliven abspülen und trockentupfen. In die Marinade geben und gut mischen. Abgedeckt 1–2 Stunden stehen lassen oder über Nacht kalt stellen.

Von links nach rechts: Zitronenoliven mit Wermut; Pikante warme Oliven; Fritierte Oliven; Oliven mit sonnengetrockneten Tomaten; Kräuteroliven

Gambas al pil pil

Zubereitungszeit:
30 Min.
Kühlzeit:
30 Min.
Garzeit
10 Min.
Für 4–6 Personen

1 kg mittelgroße rohe Garnelen
½ TL Salz
50 g Butter
80 ml Olivenöl
3 Knoblauchzehen, grobgehackt
¼ TL Chilipulver
½ TL Paprika

1. Garnelen schälen und vom Darm befreien, dabei die Schwänze intakt lassen. Garnelen in einer großen Schüssel mit dem Salz mischen. Abgedeckt ca. 30 Minuten kalt stellen.
2. Butter und Öl zusammen bei mittlerer Hitze in einer feuerfesten Form erhitzen. Wenn das Fett schaumig ist, Knoblauch und Chilipulver zugeben und unter Rühren 1 Minute goldgelb dünsten. Garnelen zugeben und 3–6 Minuten braten, bis sie sich krümmen und Farbe annehmen. Mit Paprika bestreuen und mit reichlich Brot zum Dippen sehr heiß servieren.

NÄHRWERT PRO PORTION:
Eiweiß 35 g; Fett 20 g; Kohlenhydrate 0 g; Cholesterin 270 mg; 1345 kJ (320 kcal)

Hinweis: Gambas al pil pil werden traditionell in kleinen Tonschalen zubereitet und serviert, wobei eine Schale für zwei Personen ausreicht. Das Gericht kann auch in zwei kleinen Schalen zubereitet werden, die Garzeit verkürzt sich dann entsprechend.

Gemüsepaprika mit Knoblauch

Zubereitungszeit:
10 Min.
Kühlzeit:
30 Min.
Marinierzeit:
2 Tage
Garzeit:
10 Min.
Für 6 Personen

Olivenöl, zum Braten
3 Knoblauchzehen
6 rote, gelbe, orange und/oder grüne Gemüsepaprika
¼ TL Salz
¼ TL Chilipulver
2 Lorbeerblätter
100 ml Rotweinessig
80 ml Olivenöl extra vergine

1. Olivenöl bei mittlerer Hitze in einer großen Pfanne erhitzen, Knoblauch und Gemüsepaprika zugeben. 3 Minuten braten, dann den Knoblauch in eine Glas- oder Keramikform geben, die groß genug für alle Paprikaschoten ist. Paprika weitere 2–3 Minuten rundum hellbraun braten. Aus der Pfanne nehmen und zum Weiterverarbeiten abkühlen lassen. Paprikahaut vorsichtig abziehen, den Strunk dabei nicht entfernen.
2. Abgekühlte Paprikaschoten zum Knoblauch in die Form legen und mit Salz, Chilipulver und Lorbeerblättern bestreuen. Mit Rotweinessig und Olivenöl extra vergine übergießen und abgedeckt 30 Minuten auf Zimmertemperatur abkühlen lassen.
3. Vor dem Servieren 2 Tage in der Form im Kühlschrank kalt stellen und mindestens 30 Minuten vorher wieder herausnehmen.

NÄHRWERT PRO PORTION:
Eiweiß 2 g; Fett 20 g; Kohlenhydrate 4,5 g; Cholesterin 0 mg; 830 kJ (200 kcal)

Hinweis: Diese Paprikaschoten werden für gewöhnlich mit einer einfachen Tostada oder frischem Brot gereicht.

Gambas al pil pil (oben) und Gemüsepaprika mit Knoblauch

Die Arme vom Mantel abziehen, dabei gleichzeitig die Innereien entfernen.

Innereien durch einen Schnitt unterhalb der Augen von den Armen trennen.

Gegrillter Kalmar

Zubereitungszeit:
40 Min.
Kühlzeit:
30 Min.
Garzeit
15 Min.
Für 6 Personen

500 g kleine Kalmare (s. Hinweis)
¼ TL Salz

Picada-Dressing
2 EL Olivenöl extra vergine
2 EL frisch gehackte glattblättrige Petersilie
1 Knoblauchzehe, zerdrückt
¼ TL Pfeffer

1. Zum Säubern der Kalmare jeweils vorsichtig die Arme vom Mantel abziehen (die Innereien sollten sich dabei mit ablösen). Innereien durch einen Schnitt unterhalb der Augen von den Armen trennen. Wenn sich der schnabelartige Mund noch im Zentrum der Arme befindet, diesen mit den Fingern nach oben herausdrücken. Das weiche Fischbein aus dem Mantel herausziehen.
2. Durch Reiben der Mäntel unter fließendem kaltem Wasser sollte sich die Haut leicht ablösen lassen. Mäntel und Arme säubern und gut abtropfen lassen. Fisch und Salz in einer Schüssel gut mischen. Abgedeckt ca. 30 Minuten kalt stellen.
3. Backofen- oder Holzkohlegrill vorheizen.
4. Picada-Dressing: Olivenöl, Petersilie, Knoblauch, Pfeffer und etwas Salz in einem kleinen Rührbecher oder einer Schüssel gut verrühren.
5. Kalmarmäntel in kleinen Portionen ca. 2–3 Minuten rösten, bis sie eine weiße Farbe annehmen. Arme 1 Minute rundum braun grillen. Heiß, mit Picada-Dressing beträufelt servieren.

NÄHRWERT PRO PORTION:
Eiweiß 15 g; Fett 7,5 g; Kohlenhydrate 0,5 g; Cholesterin 165 mg; 520 kJ (125 kcal)

Hinweis: Für dieses Gericht sollte die kleinste erhältliche Kalmarart gewählt werden. Nicht weniger köstlich schmeckt es mit Sepia, Garnelen oder auch festen Filetstücken von Weißfischen. Das Picada-Dressing möglichst erst kurz vor dem Servieren zubereiten, damit die Petersilie ihre Farbe nicht verliert.

Gegrillter Kalmar

Den schnabelartigen Mund aus dem Zentrum der Arme entfernen.

Das weiche Fischbein aus dem Mantel herausziehen, dann den Mantel abspülen.

Artischocken in aromatischer Vinaigrette

Zubereitungszeit:
15 Min.
Marinierzeit:
2 Tage
Für 8 Personen

$\frac{1}{4}$ TL gemahlener Kreuzkümmel
1 Msp. Nelkenpulver
1 Msp. Safranfäden
1 Knoblauchzehe, zerdrückt
80 ml Weißweinessig
300 g Artischockenherzen in Öl, abgetropft
80 ml Olivenöl extra vergine

1. Kreuzkümmel, Nelkenpulver, Safran, Knoblauch, Salz, Pfeffer und etwas Essig im Mörser zerstampfen oder im Mixer zu einer Paste verarbeiten.
2. Artischocken dicht an dicht in eine Schale mit 500 ml Inhalt legen.
3. Paste mit dem restlichen Essig und Öl verrühren und über die Artischocken gießen. Abgedeckt 2 Tage kalt stellen und ca. 30 Minuten vor dem Servieren aus dem Kühlschrank nehmen.

NÄHRWERT PRO PORTION:
Eiweiß 1 g; Fett 9,5 g; Kohlenhydrate 0,5 g; Cholesterin 0 mg; 390 kJ (95 kcal)

Safran- und Pistazienbrot

Zubereitungszeit:
30 Min.
Einweichzeit:
10 Min.
Gehzeit:
1 Std. 45 Min.
Backzeit:
20 Min.
Ergibt 1 Brot

2 Msp. Safranfäden
$2\frac{1}{2}$ EL heißes Wasser
1 EL bzw. 2 Päckchen à 7 g Trockenhefe oder 40 g frische Hefe
1 TL Zucker
250 ml warmes Wasser
375 g Mehl
2 TL Salz
75 g Pistazienkerne, grobgehackt

1. Safran und heißes Wasser in eine Schüssel geben und 10 Minuten stehen lassen. Hefe, Zucker und warmes Wasser in eine andere Schüssel geben und abgedeckt 10 Minuten an einem warmen Ort stehen lassen, bis sich Schaum bildet.
2. Mehl, Salz und Pistazien in einer Schüssel mischen. In die Mitte eine Vertiefung drücken und die Hefe- und Safranmischungen (komplett) hineingeben. Zutaten zu einem weichen Teig verrühren und daraus eine Kugel formen. Auf einer bemehlten Arbeitsfläche 5 Minuten kneten. Teig in eine mit Öl ausgepinselte Schüssel legen, lose mit gefetteter Klarsichtfolie abdecken und $1\frac{1}{4}$–$1\frac{1}{2}$ Stunden an einem warmen Ort bis zum doppelten Volumen aufgehen lassen.
3. Teig zusammendrücken und auf einer bemehlten Arbeitsfläche 30 Sekunden weich kneten. Einen Brotlaib von 30 cm x 18 cm x 1,5 cm Größe formen. Auf ein Backblech legen und an einem warmen Ort weitere 15 Minuten aufgehen lassen. Backofen auf 200°C vorheizen.
4. Brot 20 Minuten backen. Zur Kontrolle das Brot wenden und mit den Fingerspitzen leicht darauf klopfen. Wenn es hohl klingt, ist das Brot durchgebacken.
5. Warm oder kalt mit Olivenöl oder Dips servieren.

NÄHRWERT PRO SCHEIBE:
Eiweiß 2 g; Fett 1,4 g; Kohlenhydrate 9,5 g; Cholesterin 0 mg; 246 kJ (59 kcal)

Hinweis: Als Variation den Teig mit den angegebenen Zutatenmengen in zwei Portionen aufteilen. Das Ergebnis ähnelt dann türkischem Fladenbrot.

Artischocken in aromatischer Vinaigrette (oben) und Safran- und Pistazienbrot

Knoblauch-hähnchen

Zubereitungszeit: 20 Min.
Garzeit: 35 Min.
Für 6 Personen

1 kg Hähnchenfilets von der Keule
1 EL Paprika
Salz und schwarzer Pfeffer, nach Geschmack
2 EL Olivenöl
8 Knoblauchzehen, ungeschält
4 EL Weinbrand
125 ml Hühnerbrühe
1 Lorbeerblatt
2 EL frisch gehackte glattblättrige Petersilie

1. Hähnchen von überschüssigem Fett befreien und die Stücke dritteln.
2. Paprika mit etwas Salz und Pfeffer in einer Schüssel mischen. Hähnchenteile in den Gewürzen wenden. Die Hälfte des Öls in einer großen Pfanne erhitzen und den Knoblauch darin bei starker Hitze 1–2 Minuten braun dünsten. Aus der Pfanne nehmen und beiseite stellen. Die Hälfte der Hähnchenteile in die Pfanne legen und 5 Minuten braun braten. Aus der Pfanne nehmen und mit dem restlichen Fleisch ebenso verfahren, dabei bei Bedarf das restliche Öl zugeben.
3. Alles Fleisch wieder in die Pfanne geben, Weinbrand zugeben und 30 Sekunden kochen. Hühnerbrühe und Lorbeerblatt zugeben und bei schwacher Hitze abgedeckt 10 Minuten köcheln lassen.
4. Unterdessen die Knoblauchmasse im Mörser oder in einer kleinen Schüssel zerstampfen. Petersilie zugeben und zu einer Paste stampfen oder mit einer Gabel verrühren. Paste mit dem Hähnchenfleisch verrühren und abgedeckt 10 Minuten schmoren lassen. Heiß servieren.

NÄHRWERT PRO PORTION:
Eiweiß 40 g; Fett 10 g; Kohlenhydrate 0,5 g; Cholesterin 85 mg; 1130 kJ (270 kcal)

Traditionelle spanische Tortilla

Zubereitungszeit: 20 Min.
Garzeit: 30 Min.
Für 6–8 Personen

125 ml Olivenöl
600 g Kartoffeln, in dünne Scheiben geschnitten
2 große Zwiebeln, in Ringe geschnitten
3 Eier
½ TL Salz
½ TL Pfeffer

1. Öl in einer 5 cm tiefen antihaftbeschichteten Pfanne (Ø 20 cm) erhitzen. Kartoffeln und Zwiebeln abwechselnd in die Pfanne schichten und abgedeckt bei schwacher Hitze 8 Minuten garen. Mit einer Küchenzange die Schichten portionsweise wenden (es macht nichts, wenn sie dabei zerfallen). Abgedeckt weitere 8 Minuten garen, ohne daß die Kartoffeln dabei Farbe annehmen.
2. Die Kartoffelmischung in einem Durchschlag über einer Schüssel abtropfen lassen, dabei 1 EL Öl aufheben. (Der Rest kann erneut zum Kochen verwendet werden.)
3. Eier, Salz und Pfeffer in einer Schüssel gut verquirlen. Kartoffelmischung zugeben und mit einem Löffel so zusammendrücken, daß sie vollständig von den Eiern bedeckt ist.
4. Das aufgehobene Öl bei starker Hitze in derselben Pfanne erhitzen. Eimischung hineingeben und gleichmäßig auf dem Boden verteilen. Mit einem Deckel oder mit Alufolie abgedeckt bei schwacher Hitze 12 Minuten stocken lassen. Vorsichtiges Schütteln der Pfanne verhindert, daß die Tortilla am Boden anhaftet. 5 Minuten stehen lassen, dann auf einen Servierteller stürzen. In Spalten schneiden und heiß servieren.

NÄHRWERT PRO PORTION:
Eiweiß 4,5 g; Fett 15 g; Kohlenhydrate 12 g; Cholesterin 68 mg; 900 kJ (215 kcal)

Knoblauchhähnchen (oben) und Traditionelle spanische Tortilla

Pikanter Kartoffelsalat

Zubereitungszeit:
15 Min.
Garzeit:
10 Min.
Für 4 Personen

500 g kleine Kartoffeln
2 TL frischer Dill, gehackt
2 Frühlingszwiebeln, gehackt
1 EL Kapern, grobgehackt
Salz und Pfeffer, nach Geschmack
2 EL Olivenöl extra vergine
1½ EL Zitronensaft
1 EL feingeriebene Orangenschale

1. Kartoffeln in einem großen Topf mit Wasser zum Kochen bringen. 10 Minuten weich kochen. Gut abtropfen lassen.
2. Kartoffeln mit Dill, Frühlingszwiebeln, Kapern und etwas Salz und Pfeffer in einer Schüssel gut mischen. Öl, Zitronensaft und Orangenschale in einem kleinen Rührbecher gut verrühren und über die heißen Kartoffeln geben. Salat mischen und warm servieren.

NÄHRWERT PRO PORTION:
Eiweiß 3 g; Fett 9,5 g; Kohlenhydrate 15 g; Cholesterin 0 mg; 715 kJ (170 kcal)

Garnelensalat

Zubereitungszeit:
30 Min.
Kühlzeit:
1 Std.
Für 6 Personen

700 g mittelgroße gekochte Garnelen, geschält und vom Darm befreit
1 EL Kapern, grobgehackt
1 EL frisch gehackte glattblättrige Petersilie
1 Frühlingszwiebel, gehackt
Salz und schwarzer Pfeffer, nach Geschmack
3 TL Rotweinessig
1 EL Olivenöl extra vergine

1. Garnelen, Kapern, Petersilie, Frühlingszwiebel und etwas Salz und Pfeffer in einer Schüssel mischen.
2. Rotweinessig und Olivenöl gut verrühren, über die Garnelenmischung geben und gut mischen. Mit Klarsichtfolie abgedeckt mindestens 1 Stunde (bis zu 3 Stunden) kalt stellen und gekühlt servieren.

NÄHRWERT PRO PORTION:
Eiweiß 25 g; Fett 4 g; Kohlenhydrate 0 g; Cholesterin 175 mg; 555 kJ (135 kcal)

Gegrillte Austern

Zubereitungszeit:
5 Min.
Garzeit:
5 Min.
Für 3–4 Personen

12 Austern in der halben Schale
35 g Paniermehl
1 kleine Knoblauchzehe, zerdrückt
2 TL frisch gehackte glattblättrige Petersilie
2 EL Olivenöl extra vergine
Salz und schwarzer Pfeffer, nach Geschmack
Zitronenspalten, zum Servieren

1. Backofengrill auf mittlerer Stufe vorheizen. Alle Körnchen von der Austernoberfläche entfernen, dann die Austern auf ein Backblech legen. Paniermehl, Knoblauch, Petersilie und Öl in einer kleinen Schüssel verrühren und mit Salz und Pfeffer abschmecken.
2. Austern gleichmäßig mit der Paniermehlmischung bestreuen.
3. Goldbraun grillen. Mit Zitronenspalten servieren.

NÄHRWERT PRO PORTION:
Eiweiß 3 g; Fett 10 g; Kohlenhydrate 6 g; Cholesterin 10 mg; 530 kJ (125 kcal)

Pikanter Kartoffelsalat (oben), Garnelensalat (unten links) und gegrillte Austern (unten rechts)

Muscheln gut in kaltem Wasser säubern und entbarten.

Muscheln aus den Schalen lösen und fein hacken.

Gefüllte Muscheln

Zubereitungszeit:
40 Min. + Kühlzeit
Garzeit: 20 Min.
Ergibt 18 Stück

18 Miesmuscheln
2 TL Olivenöl
2 Frühlingszwiebeln, feingehackt
1 Knoblauchzehe, zerdrückt
3 EL gehackte Petersilie
1 EL Tomatenmark
2 TL Zitronensaft
Salz und schwarzer Pfeffer, nach Geschmack
35 g Paniermehl
2 Eier, geschlagen
Öl, zum Fritieren

Weiße Sauce
40 g Butter
30 g Mehl
80 ml Milch

1. Muscheln säubern und entbarten. Alle offenen Muscheln, die sich auch nach kräftigem Klopfen nicht schließen, wegwerfen. 250 ml Wasser zum Kochen bringen, Muscheln hineingeben und abgedeckt 5 Minuten kochen, dabei den Topf gelegentlich schwenken. 80 ml des Suds durch ein Sieb in einen Rührbecher gießen. Alle ungeöffneten Muscheln wegwerfen. Übrige Muscheln aus den Schalen lösen und jeweils eine Schalenhälfte wegwerfen. Muschelfleisch fein hacken.

2. Öl in einem Topf erhitzen, Frühlingszwiebeln zugeben und 1 Minute andünsten. Knoblauch zugeben und 1 Minute mitdünsten. Muscheln, 2 EL Petersilie, Tomatenmark, Zitronensaft, Salz und Pfeffer einrühren. Abkühlen lassen.

3. Weiße Sauce: Butter in einem Topf erhitzen, Mehl zugeben und 1 Minute zu einer goldgelben Mehlschwitze verrühren. Vom Herd nehmen und nach und nach den aufgefangenen Muschelsud, die Milch und etwas Pfeffer einrühren. Wieder auf den Herd stellen und unter Rühren 1 Minute zu einer dickflüssigen Sauce einkochen lassen, die nicht an der Topfwand haftet. Abkühlen lassen.

4. Muschelmischung mit einem Löffel in die Schalen füllen und großzügig mit der Sauce bestreichen.

5. Paniermehl und restliche Petersilie mischen. Muscheln in die geschlagenen Eier tauchen und dann mit der Oberseite in das Paniermehl drücken.

6. Einen tiefen Topf zu einem Drittel mit Öl füllen und auf 180°C erhitzen (ein Brotwürfel bräunt darin in 15 Sekunden). Muscheln portionsweise 2 Minuten fritieren und abtropfen lassen. Heiß servieren.

NÄHRWERT PRO STÜCK:
Eiweiß 1,5 g; Fett 7 g; Kohlenhydrate 3 g; Cholesterin 30 mg; 644 kJ (153 kcal)

Gefüllte Muscheln

Eine dickflüssige Mischung rühren, die nicht an der Topfwand haftet.

Muschelmischung in die Schalen füllen und mit weißer Sauce bestreichen.

Rollen mit Spinat, Porree und Pinienkernen

Zubereitungszeit: 40 Min.
Kühlzeit: 1 Std.
Back- und Garzeit: 50 Min.
Für 6–8 Personen

Teig
125 g Mehl
75 g Vollkornmehl
¼ TL Salz
4 EL Olivenöl

Füllung
470 g Blattspinat
50 g Pinienkerne
1 EL Olivenöl
1 Knoblauchzehe, gehackt
2 Porreestangen (nur weißer Teil), längs halbiert und kleingeschnitten
1 Msp. gemahlener Zimt
35 g Paniermehl
2 Eier, leicht verquirlt
Salz und schwarzer Pfeffer, nach Geschmack

1. Teig: Mehl, Vollkornmehl und Salz in eine Schüssel sieben, dann die Kornspelzen hineingeben. Olivenöl einrieseln lassen und einarbeiten, indem das Mehl mit einer Hand angehoben und leicht mit der anderen Hand darüber gerieben wird. Die Mischung sollte dann zusammenklumpen.
2. In die Mitte eine Vertiefung drücken. 2–3 EL Wasser zugeben und mit der Hand vermischen. Anschließend so viel Wasser zugeben, daß ein fester, geschmeidiger Teig entsteht, der nicht an der Schüsselwand haftet. Vorsichtig verkneten (wenn der Teig noch nicht ganz glatt ist). Mit Klarsichtfolie abgedeckt 1 Stunde kalt stellen.
3. Füllung: Unteres Viertel vom Spinat entfernen und wegwerfen. Blätter und Strünke waschen und in Streifen schneiden. Eine große Pfanne erhitzen, Pinienkerne hineingeben und bei mittlerer Hitze unter Rühren 2–3 Minuten hellbraun rösten. Aus der Pfanne nehmen.
4. Öl in der Pfanne erhitzen, Knoblauch und Porree hineingeben und unter gelegentlichem Umrühren bei schwacher Hitze 10 Minuten goldbraun dünsten, bis die Mischung karamelisiert. Spinat zugeben und bei starker Hitze unter Rühren 3–4 Minuten dünsten, bis er leicht zusammenfällt und die Flüssigkeit aus der Pfanne vollständig verdunstet ist. In einer Schüssel abkühlen lassen. Pinienkerne, Zimt, Paniermehl und fast die gesamten verquirlten Eier (ca. 2 TL zum Bestreichen aufheben) einrühren und mit Salz und Pfeffer abschmecken.
5. Backofen auf 210°C vorheizen. Ein Backblech leicht einfetten. Den Teig in 2 Portionen teilen und eine davon zu einem 26 cm x 20 cm großen Rechteck ausrollen. Die Hälfte der Füllung der Länge nach auf einer Hälfte des Rechtecks verteilen, dabei 2 cm Rand lassen. Die andere Hälfte des Rechtecks darüber falten, so daß eine lange Rolle entsteht. Ecken einschlagen und fest andrücken. Rolle auf das Backblech legen und mit dem restlichen Teig und der übrigen Füllung ebenso verfahren. Rollen mit dem aufgehobenen Ei bestreichen und mit einem Messerrücken sechs Portionsmarkierungen eindrücken, aber nicht den Teig einschneiden. An zwei Stellen der Markierungen kleine Schlitze in die erste Teigschicht schneiden, damit der Dampf entweichen kann.
6. Rollen auf der mittleren Schiene 30 Minuten braun backen. 10 Minuten abkühlen lassen und an den Markierungen aufschneiden. Heiß oder zimmerwarm servieren.

NÄHRWERT PRO PORTION:
Eiweiß 7,5 g; Fett 15 g; Kohlenhydrate 20 g; Cholesterin 45 mg; 1050 kJ (250 kcal)

Hinweis: Die Rollen schmecken auch kalt zum Picknick. Aus runden Teigscheiben einzelne Rollen zubereiten.

Rollen mit Spinat, Porree und Pinienkernen

Banderillos

Als Bestandteil der Tapas-Tafel sollen Banderillos an die gleichnamigen geschmückten Dolche erinnern, die im Stierkampf verwendet werden. Servieren Sie sie pur oder mit Dressing.

BANDERILLO MIT GARNELE, EI UND SPARGEL
Enden von 2 Spargelspitzen abschneiden und den Rest schräg in 3 cm lange Stücke schneiden. In einen Topf mit kochendem Wasser geben, 1 Minute kochen, abtropfen und auf Küchenpapier trocknen lassen. 8 kleine gekochte Garnelen schälen und vom Darm befreien. 4 hartgekochte Wachteleier halbieren. Je 1 Garnele, 1 Eihälfte und 1 Spargelstück auf einen Zahnstocher stecken. Ergibt 8 Stück.

BANDERILLO MIT OLIVE, ZWIEBEL UND PAPRIKA
4 gefüllte grüne Oliven und 4 Sardellenfilets halbieren. 30 g Paprikaschote aus dem Glas in 8 Stücke schneiden. 1 Salzdillgurke achteln und eine eingelegte Zwiebel in 8 Spalten schneiden. Auf jeden Zahnstocher 1 Olivenhälfte, 1 aufgerolltes Paprikastück, je 1 Gurken- und Zwiebelstück, 1 aufgerolltes Sardellenfilet und 1 Kaper stecken. Ergibt 8 Stück.

BANDERILLO MIT THUNFISCH UND PAPRIKA
4 gefüllte grüne Oliven halbieren. 30 g Paprikaschote aus dem Glas in 8 Stücke schneiden. 50 g frisch gekochten Thunfisch in 8 Stücke schneiden. 1 Salzdillgurke in 8 Scheiben schneiden. 1 Olivenhälfte, 1 aufgerolltes Paprikastück, 1 Stück Thunfisch und 1 Gurkenscheibe auf jeden Zahnstocher stecken. Ergibt 8 Stück.

BANDERILLO MIT GARNELE UND SCHINKEN
8 gekochte Garnelen schälen und vom Darm befreien. 25 g Räucherschinken in 8 Stücke schneiden, 1 Salatblatt in 8 Stücke zupfen und 4 hartgekochte Wachteleier halbieren. Auf jeden Zahnstocher 1 Garnele, 1 Schinkenstück, 1 gefaltetes Salatblättchen und ½ Wachtelei stecken. Ergibt 8 Stück.

BANDERILLO MIT OLIVE, EI UND THUNFISCH
4 gefüllte grüne Oliven und 4 hartgekochte Wachteleier halbieren. 50 g frisch gekochten Thunfisch in 8 Stücke schneiden. 30 g Paprika aus dem Glas in 8 Stücke schneiden. Je 1 Oliven- und Eihälfte, 1 Stück Thunfisch und 1 aufgerolltes Paprikastück auf jeden Zahnstocher stecken. Ergibt 8 Stück.

BANDERILLO MIT SARDELLEN
8 eingelegte schwarze Oliven bereit legen. 4 Sardellenfilets und 4 hartgekochte Wachteleier halbieren. Auf jeden Zahnstocher 1 Olive, 1 aufgerolltes Sardellenfilet und 1 Eihälfte stecken. Ergibt 8 Stück.

PICADA-DRESSING
Je 2 EL Olivenöl und feingehackte Petersilie, 1 zerdrückte Knoblauchzehe sowie etwas Salz und Pfeffer in einem kleinen Rührbecher gut verrühren. Über die Banderillos träufeln und servieren.

KNOBLAUCH-MAYONNAISE
1 Ei mit 1 Msp. Cayennepfeffer und 1 EL Weißweinessig im Mixer zu einer hellen Masse verrühren. 2 zerdrückte Knoblauchzehen und ½ TL Salz zugeben und verrühren. Anschließend 175 ml Olivenöl bei laufendem Mixer einrieseln lassen und zu einer hellen, cremigen Mayonnaise verrühren. Zu den Banderillos servieren.

Von links nach rechts: Banderillo mit Garnele, Ei und Spargel; Banderillo mit Olive, Zwiebel und Paprika; Banderillo mit Thunfisch und Paprika; Banderillo mit Garnele und Schinken; Banderillo mit Olive, Ei und Thunfisch; Banderillo mit Sardellen; Knoblauchmayonnaise

Gegrillte Garnelen mit Romescosauce

Zubereitungszeit: 30 Min.
Kühlzeit: 30 Min.
Ruhezeit: 15 Min.
Garzeit: 25 Min.
Für 6–8 Personen

30 rohe Riesengarnelen
¼ TL Salz

Romescosauce
4 Knoblauchzehen, ungeschält
1 Roma-Tomate, halbiert und entkernt
2 lange rote Chilischoten
35 g blanchierte Mandeln
50 g sonnengetrocknete Paprikaschoten in Öl
1 EL Olivenöl
1 EL Rotweinessig
etwas Salz

1. Garnelen schälen und vom Darm befreien, dabei die Schwänze intakt lassen. Mit Salz mischen und 30 Minuten kalt stellen.
2. Für die Romescosauce Backofen auf 200°C vorheizen. Knoblauch in Alufolie einwickeln und zusammen mit der Tomate und den Chilischoten auf ein Backblech legen und 12 Minuten backen. Mandeln zugeben und weitere 8 Minuten backen. 15 Minuten ruhen lassen.
3. Mandeln im Mixer oder in der Küchenmaschine fein mahlen. Den Knoblauch auspressen und das Tomatenfruchtfleisch in den Mixer schaben, die Schalen wegwerfen. Chilischoten aufschneiden und die Kerne herauskratzen. Das Fruchtfleisch in den Mixer schaben und die Schalen wegwerfen. Paprikaschoten mit Küchenpapier trockentupfen, hacken und zusammen mit Öl, Essig, etwas Salz und 2 EL Wasser ebenfalls in den Mixer geben. Alles zu einer glatten Masse verrühren, bei Bedarf soviel Wasser zugeben, daß die Sauce eine cremige Konsistenz zum Dippen erhält. Backofen-Holzkohlegrill vorheizen.
4. Garnelen mit etwas Öl einpinseln und auf eine Grillschale oder direkt auf die Grillplatte legen. 3 Minuten grillen, bis sich die Garnelen krümmen und Farbe annehmen. Mit der Sauce servieren.

NÄHRWERT PRO PORTION:
Eiweiß 45 g; Fett 8,5 g; Kohlenhydrate 1 g; Cholesterin 315 mg; 1090 kJ (260 kcal)

Hinweis: Romescosauce ist eine klassische spanische Sauce, die traditionell zu Meeresfrüchten gereicht wird. Sie kann bis zu 5 Tagen im voraus zubereitet und im Kühlschrank aufbewahrt werden.

Gegrillte Garnelen mit Romescosauce (oben) und Gefüllte Tomaten

Gefüllte Tomaten

Zubereitungszeit: 12 Min.
Ergibt 8 Stück

8 kleine reife Tomaten (ca. 5 cm dick)
1 große reife Avocado
3 TL Zitronensaft
1 kleine Knoblauchzehe, zerdrückt
6 Sardellenfilets, gehackt
8 schwarze spanische Oliven, entsteint und gehackt
Salz und gemahlener schwarzer Pfeffer, nach Geschmack
1 EL frisch gehackter Schnittlauch

1. Vom Boden jeder Tomate eine 1 cm dicke Scheibe abschneiden und Kerne sowie innere Häute entfernen. Tomaten mit der Schnittfläche nach unten auf eine doppelte Schicht Küchenpapier legen und abtropfen lassen.
2. Avocado schälen und in einer kleinen Schüssel leicht zerstampfen. Zitronensaft, Knoblauch, Sardellen und Oliven zugeben und mit Salz und frisch gemahlenem schwarzem Pfeffer abschmecken.
3. Avocadomischung mit einem Löffel in die Tomaten füllen und mit Schnittlauch bestreuen.

NÄHRWERT PRO STÜCK:
Eiweiß 2 g; Fett 7,5 g; Kohlenhydrate 2 g; Cholesterin 2 mg; 350 kJ (85 kcal)

Fleischbällchen in pikanter Tomatensauce

Zubereitungszeit: 40 Min.
Kühlzeit: 30 Min.
Garzeit: 30 Min.
Für 6 Personen

175 g Schweinehackfleisch
175 g Kalbshackfleisch
3 Knoblauchzehen, zerdrückt
1 TL gemahlener Koriander
1 TL gemahlener Muskat
1 TL gemahlener Kreuzkümmel
1 Msp. gemahlener Zimt
35 g Paniermehl
Salz und schwarzer Pfeffer, nach Geschmack
1 Ei
2 EL Olivenöl

Pikante Tomatensauce
1 EL Olivenöl
1 Zwiebel, gehackt
2 Knoblauchzehen, zerdrückt
125 ml trockener Weißwein
1 Dose (440 g) Schältomaten, zerkleinert
1 EL Tomatenmark
125 ml Hühnerbrühe
½ TL Cayennepfeffer
80 g Tiefkühlerbsen

1. Schweine- und Kalbshackfleisch, Knoblauch, Gewürze, Paniermehl, Ei und etwas Salz und Pfeffer in einer Schüssel mischen. Mit den Händen zu einem glatten Teig kneten. Abgedeckt 30 Minuten kalt stellen.
2. Eßlöffelgroße Portionen der Mischung zu Bällchen rollen. 1 EL Olivenöl in einer Pfanne erhitzen und die Hälfte der Fleischbällchen bei mittlerer Hitze 2–3 Minuten bräunen. Auf Küchenpapier abtropfen lassen. Übrige Fleischbällchen braten, bei Bedarf das restliche Öl zugeben. Auf Küchenpapier abtropfen lassen.
3. Pikante Tomatensauce: Öl in einem Topf erhitzen. Zwiebel hineingeben und bei mittlerer Hitze 3 Minuten glasig dünsten, dabei gelegentlich umrühren. Knoblauch zugeben und 1 Minute mitdünsten. Bei starker Hitze den Wein zugeben und 1 Minute kochen lassen. Tomaten, Tomatenmark und Brühe zugeben und 10 Minuten köcheln lassen. Cayennepfeffer, Erbsen und Fleischbällchen zugeben und 5–10 Minuten köcheln lassen, bis die Sauce dickflüssig ist und die Bällchen rundum davon bedeckt sind. Heiß servieren.

NÄHRWERT PRO PORTION:
Eiweiß 15 g; Fett 8 g; Kohlenhydrate 2,9 g; Cholesterin 67 mg; 602 kJ (145 kcal)

Chorizowurst in Apfelwein

Zubereitungszeit: 5 Min.
Garzeit: 15 Min.
Für 4 Personen

3 TL Olivenöl
1 kleine Zwiebel, feingehackt
1½ TL Paprika
125 ml trockener Apfelwein
4 EL Hühnerbrühe
1 Lorbeerblatt
280 g Chorizowürstchen, in schräge Scheiben geschnitten
2 TL Sherryessig, nach Geschmack
2 TL Petersilie, gehackt

1. Öl in einem Topf erhitzen und die Zwiebel darin 3 Minuten dünsten. Paprika zugeben und 1 Minute dünsten.
2. Apfelwein, Brühe und Lorbeerblatt zugeben und aufkochen lassen. Bei reduzierter Hitze 5 Minuten köcheln lassen. Chorizowurst zugeben und weitere 5 Minuten köcheln lassen, bis die Sauce leicht einkocht. Essig und Petersilie einrühren. Heiß servieren.

NÄHRWERT PRO PORTION:
Eiweiß 8,5 g; Fett 20 g; Kohlenhydrate 4 g; Cholesterin 35 mg; 1060 kJ (255 kcal)

Fleischbällchen in pikanter Tomatensauce (oben) und Chorizowurst in Apfelwein

Orangen- und Radieschensalat

Zubereitungszeit:
15 Min.
Für 4 Personen

Dressing
2 EL Olivenöl extra vergine
2 TL Zitronensaft
1 TL Orangensaft
¼ TL gemahlener Kreuzkümmel
¼ TL feiner Zucker

4 kernlose Orangen
4 kleine Radieschen, in dünne Scheiben geschnitten
12 schwarze spanische Oliven, entsteint und in Streifen geschnitten

1. Dressing: Olivenöl, Zitronensaft, Orangensaft, Kreuzkümmel und Zucker in einer kleinen Schüssel gut verrühren.
2. Orangen schälen, dabei das weiße Mark vollständig entfernen. Mit einem scharfen Messer die Orangenfilets zwischen den Häuten auslösen (über einer Schüssel, um den Saft aufzufangen). Orangenfilets kreisförmig in einer flachen Schale auslegen und die Radieschen darüber verteilen. ¾ der Olivenstreifen gesammelt in der Schalenmitte plazieren.
3. Dressing über den Salat träufeln und mit den restlichen Olivenstreifen bestreuen. Kalt servieren.

NÄHRWERT PRO PORTION:
Eiweiß 2 g; Fett 10 g; Kohlenhydrate 15 g; Cholesterin 0 mg; 660 kJ (160 kcal)

Hinweis: Diesen Salat sollten Sie am besten ca. 1 Stunde im voraus zubereiten, damit sich die Aromen entfalten können.

Rindfleisch in Whisky

Zubereitungszeit:
10 Min.
Garzeit:
10 Min.
Für 6 Personen

350 g Rinderschnitzel, in 6 cm große Stücke geschnitten (s. Hinweis)
½ TL gemahlener schwarzer Pfeffer
1½ EL Olivenöl
1 kleine Zwiebel, in Ringe geschnitten
1 Knoblauchzehe, in dünne Scheiben geschnitten
125 ml Whisky
4 EL Hühnerbrühe
4 EL Sahne

Orangen- und Radieschensalat (oben) und Rindfleisch in Whisky

1. Rinderschnitzel rundum mit schwarzem Pfeffer bestreuen. 1 EL Olivenöl in einer Pfanne erhitzen. Fleisch portionsweise hineingeben und bei starker Hitze 20 Sekunden von jeder Seite bräunen. Aus der Pfanne nehmen.
2. Die Pfanne erneut erhitzen und bei Bedarf das restliche Öl zugeben. Zwiebel hineingeben und bei mittlerer Hitze unter Rühren 1–2 Minuten dünsten. Knoblauch zugeben und unter Rühren 1 Minute mitdünsten. Bei starker Hitze den Whisky zugeben und 1 Minute kochen, bis die Flüssigkeit gut eingekocht ist. Brühe und Sahne einrühren und 1 weitere Minute köcheln lassen. Mit Salz abschmecken. Fleisch und gesamten Fleischsaft wieder in die Pfanne geben, 30 Sekunden in die Sauce einrühren und dabei erneut erhitzen. Das Rindfleischin Whisky heiß servieren.

NÄHRWERT PRO PORTION:
Eiweiß 13 g; Fett 8 g; Kohlenhydrate 1 g; Cholesterin 725 mg; 725 kJ (175 kcal)

Hinweis: Die Rinderschnitzel können Sie sich vom Metzger schneiden lassen. Schnitzelfleisch stammt aus dem Rumpf und sollte nicht dicker als 5 mm sein. Nach Belieben kann es auch durch Kalbsschnitzel ersetzt werden.

Marinierte Sardinen

Zubereitungszeit:
40 Min.
Kühlzeit:
30 Min.
Ruhezeit:
1 Nacht
Garzeit:
20 Min.
Ergibt 12 Stück

12 Sardinen
½ TL Salz
30 g Mehl
125 ml Olivenöl
4 Knoblauchzehen
125 ml Rotweinessig
125 ml trockener Weißwein
2 Lorbeerblätter
6 schwarze Pfefferkörner
¼ TL Paprika
½ TL getrockneter Thymian

1. Sardinen säubern, dabei die Schuppen am Körper entlang mit einem kleinen Messer vom Schwanz ausgehend abschaben. Am besten gelingt dies unter fließendem kaltem Wasser. Fische an der Bauchseite aufschneiden. Einen Schnitt hinter dem Kopf ansetzen und diesen langsam vom Körper abziehen, so daß die Innereien sich mit dem Kopf ablösen. Bauchhöhle öffnen und die restlichen Innereien entfernen. Sardinen mit Küchenpapier trockentupfen.
2. Sardinen innen und außen mit Salz einreiben. Mehl in eine flache Schale geben und die Sardinen darin wenden, überschüssiges Mehl abschütteln. Die Hälfte des Öl in einer Pfanne erhitzen und die Sardinen portionsweise bei mittlerer Hitze 2–3 Minuten rundum braun und knusprig braten. Sardinen dicht an dicht in einer einzigen Schicht in eine Glas- oder Keramikschale legen. Pfanne mit Küchenpapier auswischen.
3. Restliches Öl in derselben Pfanne erhitzen. Knoblauch hineingeben und bei mittlerer Hitze 1–2 Minuten hellbraun dünsten. Knoblauch zu den Sardinen in die Form geben. Rotweinessig, Weißwein, Lorbeerblätter, Pfefferkörner, Paprika und Thymian in die Pfanne geben und bei schwacher Hitze 2 Minuten köcheln lassen. 30 Minuten zum Abkühlen beiseite stellen. Die eingedickte Mischung über die Sardinen gießen und abgedeckt über Nacht kalt stellen. In dieser Zeit die Sardinen einmal wenden. Mindestens 30 Minuten vor dem Servieren aus dem Kühlschrank nehmen. Kalt servieren.

NÄHRWERT PRO STÜCK:
Eiweiß 20 g; Fett 14 g; Kohlenhydrate 2 g; Cholesterin 90 mg; 916 kJ (220 kcal)

Marinierte Sardinen

Sardine mit einem kleinen scharfen Messer an der Bauchseite aufschneiden.

Einen Schnitt hinter dem Kopf ansetzen und diesen langsam vom Körper abziehen.

Bauchhöhle öffnen und die restlichen Innereien entfernen.

Marinade über die Sardinen gießen und abgedeckt über Nacht kalt stellen.

Gebackene Polenta mit pikantem Tomaten-Relish

Zubereitungszeit: 20 Min.
Kühlzeit: 2 Std.
Back- und Garzeit: 1 Std. 10 Min.
Ergibt 48 Stück

625 ml Milch
100 g Polenta (Maisgrieß)
25 g Butter, gewürfelt
1 EL Olivenöl
1 EL Polenta, zusätzlich

Pikantes Tomaten-Relish
1 EL Öl
2 rote Zwiebeln, grobgehackt
9 kleine Roma-Tomaten, grobgehackt
1 große rote Chilischote, feingehackt
¼ TL mexikanisches Chilipulver, nach Geschmack
1 EL brauner Zucker
1 EL Rotweinessig
etwas Salz und Pfeffer

1. Milch in einem Topf aufkochen lassen. Hitze reduzieren und die Polenta einrieseln lassen, bis die Mischung dickflüssig wird. Mit einem Holzlöffel 20 Minuten ständig rühren, bis sie nicht mehr an der Topfwand haftet.
2. Masse vom Herd nehmen, Butter einrühren und abschmecken. In eine eingefettete Kastenform (30 cm x 20 cm) geben und glattstreichen. Polenta 2 Stunden im Kühlschrank fest werden lassen.
3. Für das pikante Tomaten-Relish Öl in einem Topf erhitzen, Zwiebeln hineingeben und unter Rühren bei starker Hitze 3 Minuten dünsten. Tomaten, Chili, Chilipulver, Zucker und Essig zugeben und 20 Minuten zu einer dickflüssigen Sauce einkochen lassen, dabei gelegentlich umrühren. Kräftig mit Salz und Pfeffer abschmecken.
4. Backofen auf 200°C vorheizen. Polenta stürzen und zunächst in 5 cm große Quadrate, dann in Dreiecke schneiden. Auf ein mit Backpapier ausgelegtes Backblech legen, mit Olivenöl bestreichen und mit der zusätzlichen Polenta bestreuen. 10 Minuten goldbraun und knusprig backen. Heiß oder warm mit dem warmen Tomaten-Relish servieren.

NÄHRWERT PRO STÜCK:
Eiweiß 0,5 g; Fett 1,5 g; Kohlenhydrate 1,5 g; Cholesterin 3 mg; 105 kJ (25 kcal)

Hinweis: Es kann auch Instant-Polenta verwendet werden, die nur ca. 3 Minuten kochen muß.

Gebackene Polenta mit pikantem Tomaten-Relish (oben) und Tomaten- und Sardellentoasts

Tomaten- und Sardellentoasts

Zubereitungszeit: 10 Min.
Garzeit: 5 Min.
Für 4 Personen

8 Scheiben italienisches Brot (1 cm dick)
2 Knoblauchzehen, halbiert
4 reife Strauchtomaten
2 EL Olivenöl extra vergine
¼ Dose (50 g) Sardellenfilets, abgetropft und in Streifen geschnitten
etwas Salz und Pfeffer

1. Brot auf beiden Seiten goldbraun rösten. Das noch warme Brot auf beiden Seiten mit dem aufgeschnittenen Knoblauch einreiben.
2. Tomaten halbieren und den Toast auf beiden Seiten damit einreiben, so daß Saft und Kerne vom Brot gut aufgenommen werden, es aber nicht vollständig durchtränken. Die restlichen Tomaten hacken und großzügig auf den Toasts verteilen.
3. Alle Toasts mit Öl beträufeln und mit Sardellenfilets belegen. Mit Salz und schwarzem Pfeffer bestreuen und sofort servieren.

NÄHRWERT PRO PORTION:
Eiweiß 9 g; Fett 12 g; Kohlenhydrate 30 g; Cholesterin 8,5 mg; 1098 kJ (260 kcal)

Mariniertes Lachsfilet

Zubereitungszeit: 40 Min.
Marinierzeit: 1 Nacht
Garzeit: 25 Min.
Für 8–10 Personen

Marinade
125 ml Olivenöl extra vergine
4 EL Weißweinessig
2 EL frisch gehackte glattblättrige Petersilie
1 Msp. Paprika
Salz und schwarzer Pfeffer, nach Geschmack

1 kg Lachsfilet
1 kleine rote Paprikaschote
2 eingelegte Zwiebeln, feingehackt
2 Gewürzgurken, feingehackt

1. Für die Marinade alle Zutaten mit etwas Salz und Pfeffer in einem Rührbecher gut verrühren und beiseite stellen.
2. Lachsfilets halbieren und in einen Dampfaufsatz legen. Einen Topf zur Hälfte mit Wasser füllen, zum Kochen bringen und den Dampfaufsatz darauf stellen. Den Lachs abgedeckt 10–12 Minuten gar dämpfen. Das Fleisch sollte sich leicht zerpflücken lassen, aber immer noch feucht sein. Einen Pfannenheber zwischen Haut und Fleisch schieben und den Lachs anheben, damit sich die Haut löst. Restliche Haut ebenfalls abziehen.
3. Lachshälften dicht an dicht in einer Schicht in eine Schale legen. Marinade aufrühren und über den Lachs gießen. Abgedeckt über Nacht kalt stellen.
4. Backofengrill vorheizen. Paprikaschote vierteln und mit der Außenseite nach oben grillen, bis die Haut schwarz wird und Blasen wirft. In einem Gefrierbeutel abkühlen lassen, dann die Haut abziehen. Paprika in dünne Streifen schneiden.
5. Lachs 30 Minuten vor dem Servieren aus dem Kühlschrank nehmen. Aus der Marinade heben (Marinade beiseite stellen) und in 4 cm große Stücke schneiden. Lachs in eine Schale geben und mit der Marinade übergießen. Mit Zwiebeln und Gurken bestreuen und jedes Stück mit einem Paprikastreifen garnieren.

NÄHRWERT PRO PORTION:
Eiweiß 1 g; Fett 14 g; Kohlenhydrate 1,6 g; Cholesterin 0 mg; 548 kJ (130 kcal)

Hinweis: Sollten Sie keinen Dampfaufsatz besitzen, legen Sie einen Kuchenrost über einen Topf mit kochendem Wasser und decken Sie ihn mit Alufolie oder einem Deckel ab.

Olivenstangen

Zubereitungszeit: 15 Min.
Backzeit: 20 Min.
Ergibt 50 Stück

1 EL Kapern
4 Sardellenfilets
2 EL Olivenpaste
1 EL frische Petersilie, gehackt
2 TL Olivenöl
2 Platten Tiefkühlblätterteig, aufgetaut

1. Backofen auf 200°C vorheizen. Kapern und Sardellen hacken und mit Olivenpaste, Petersilie und Öl verrühren. 1 Blätterteigplatte mit der Hälfte der Mischung bestreichen und in 1 cm x 25 cm lange Streifen schneiden. Mit der restlichen Mischung und der zweiten Platte ebenso verfahren.
2. Die Streifen an den Enden halten und viermal in sich drehen. ¼ der Streifen auf einem mit Backpapier ausgelegten Blech 5 Minuten zu goldbraunen Stangen backen, dabei einmal wenden. Mit den restlichen Streifen ebenso verfahren. Heiß oder kalt servieren.

NÄHRWERT PRO STÜCK:
Eiweiß 2,5 g; Fett 8,5 g; Kohlenhydrate 10 g; Cholesterin 9,5 mg; 565 kJ (135 kcal)

Mariniertes Lachsfilet (oben) und Olivenstangen

Fritierte Zucchini

Zubereitungszeit:
20 Min.
Garzeit:
20 Min.
Ergibt ca. 40 Stück

85 g Mehl
Salz und frisch gemahlener schwarzer Pfeffer, nach Geschmack
Öl, zum Fritieren
5 Zucchini, in 1 cm dicke Scheiben geschnitten
2½ EL Olivenöl extra vergine
4 Knoblauchzehen, zerdrückt
2 Sardellenfilets aus der Dose, feingehackt
1 EL Sherryessig
1 EL frische Petersilie, gehackt

1. Mehl mit reichlich Salz und frisch gemahlenem schwarzem Pfeffer mischen. Einen Topf zu einem Drittel mit Öl füllen und auf 180°C erhitzen (ein Brotwürfel bräunt darin in 15 Sekunden).
2. Zucchini im gewürzten Mehl wenden, überschüssiges Mehl abschütteln. Einige Zucchinischeiben vorsichtig in das Öl geben und goldbraun fritieren. Auf einem Küchenpapierstapel abtropfen lassen. Mit den restlichen bemehlten Zucchinischeiben ebenso verfahren.
3. Das Olivenöl extra vergine in einem kleinen Topf bei schwacher Hitze einige Minuten langsam erwärmen. Knoblauch und Sardellen hineingeben und 3 Minuten dünsten, ohne die Zutaten zu bräunen. Pfanne vom Herd nehmen und den Sherryessig einrühren.
4. Fritierte Zucchinischeiben in einer Schüssel mit dem Knoblauch- und Sardellenöl mischen und mit Petersilie bestreuen. Heiß schmecken die Scheiben besonders köstlich, sie können aber auch am folgenden Tag kalt serviert werden.

NÄHRWERT PRO STÜCK:
Eiweiß 0,5 g; Fett 2 g; Kohlenhydrate 1,5 g; Cholesterin 0 mg; 115 kJ (30 kcal)

Fritierte Garnelen

Zubereitungszeit:
20 Min.
Garzeit:
10 Min.
Ergibt ca. 30 Stück

125 g Mehl
¼ Päckchen Backpulver
2 Frühlingszwiebeln, gehackt
2 EL frisch gehackte glattblättrige Petersilie
1 Msp. Cayennepfeffer
185 ml Sodawasser
125 kleine gekochte Garnelen, geschält und kleingeschnitten
Öl, zum Fritieren

1. Mehl und Backpulver mischen und in eine große Schüssel sieben. Frühlingszwiebeln, Petersilie, Cayennepfeffer und etwas Salz zugeben und gut mischen. In die Mitte eine Vertiefung drücken, etwas Sodawasser hineingeben und Mehl und Wasser mit einem Schneebesen nach und nach von den Seiten her zu einem Teig verrühren. So viel Sodawasser zugeben, daß der Teig vom Löffel fällt, dann glattrühren. Die kleingeschnittenen Garnelen zugeben und gut unterrühren.
2. Eine tiefe gußeiserne Pfanne zu einem Drittel mit Öl füllen und auf 180°C erhitzen (ein Brotwürfel bräunt darin in 15 Sekunden). Je ½ EL Teig in das Öl geben und portionsweise 1–2 Minuten rundum gleichmäßig braun fritieren. Die fritierten Garnelen auf einem Küchenpapierstapel gut abtropfen lassen und heiß servieren.

NÄHRWERT PRO STÜCK:
Eiweiß 1,5 g; Fett 1,5 g; Kohlenhydrate 3 g; Cholesterin 6 mg; 125 kJ (30 kcal)

Fritierte Zucchini (oben) und fritierte Garnelen

Tostadas

Tostadas ähneln der italienischen Bruschetta und eignen sich durch den unkomplizierten Verzehr vorzüglich als Snacks zu Getränken. Sie sollten nicht länger als eine Stunde im voraus belegt werden.

EINFACHE TOSTADA
Backofen- oder Holzkohlegrill vorheizen. Ein Holzofen-Brot à 470 g (30 cm) in 1,5 cm dicke Scheiben schneiden und braun rösten. Eine Seite mit 2 EL Olivenöl extra vergine bestreichen. Eine reife Tomate halbieren und die eingeölte Brotseite damit einreiben, dabei die Tomate zusammendrücken, damit möglichst viel Saft austritt. Heiß servieren. Ergibt ca. 20 Stück.

TOSTADA MIT SCHWEINEFLEISCH UND TOMATE
8 einfache Tostadas bereitlegen. 150 g Schweinefilet in dünne Scheiben schneiden und diese mit Salz und schwarzem Pfeffer würzen. 2 TL Olivenöl in einer Pfanne erhitzen und das Fleisch portionsweise 20–30 Sekunden von jeder Seite bräunen. 1 Tomate in Scheiben schneiden. Tostadas zuerst mit Fleisch-, dann mit Tomatenscheiben belegen. Große Tomatenscheiben halbieren. Heiß servieren. Ergibt 8 Stück.

TOSTADA MIT RÄUCHERLACHSSALAT
8 einfache Tostadas bereitlegen. 200 g Räucherlachs und 40 g Paprika aus dem Glas in Streifen schneiden. Zusammen mit 90 g Mayonnaise, 2 in Streifen geschnittenen Salatblättern, 2 TL Zitronensaft und 1 Msp. schwarzem Pfeffer in einer Schüssel verrühren. Salat auf die Tostadas geben und servieren. Ergibt 8 Stück.

TOSTADA MIT KÄSE UND THYMIAN

8 einfache Tostadas bereitlegen. 60 g Manchego oder anderen halbreifen Schafskäse in dünne Scheiben schneiden. Jede Tostada mit etwas Käse und ¼ TL getrockneten Thymianblättern belegen. Ergibt 8 Stück.

TOSTADA MIT GORGONZOLA

8 einfache Tostadas bereitlegen. 100 g Gorgonzola-Käse und 1 EL Weinbrand in eine Schüssel geben und mit einer Gabel cremig rühren. Tostadas mit der Käsemischung bestreichen und mit schwarzem Pfeffer bestreuen. Ergibt 8 Stück.

TOSTADA MIT GEGRILLTEN PILZEN

8 einfache Tostadas bereitlegen und den Backofengrill vorheizen. Je 1 EL Olivenöl extra vergine und feingehackte glattblättrige Petersilie, 1 zerdrückte Knoblauchzehe und ¼ TL Salz und schwarzen Pfeffer in einem kleinen Rührbecher verrühren. Stiele von 300 g Champignons entfernen, die Hüte vierteln. Pilze auf ein mit Alufolie ausgelegtes Backblech legen und 6 Minuten grillen, bis sie braun sind und leicht zusammenfallen, dabei gelegentlich wenden. Tostadas mit Pilzen belegen und mit dem Dressing beträufeln. Ergibt 8 Stück.

TOSTADA MIT CHORIZOWURST

8 einfache Tostadas bereitlegen. 2 TL Olivenöl in einer Pfanne erhitzen. Zwei Chorizowürstchen à 80 g bei schwacher Hitze 20 Minuten rundum braun braten. Aus der Pfanne nehmen, in dünne Scheiben schneiden und auf die Tostadas legen. Ergibt 8 Stück.

Von links nach rechts: Einfach; Schweinefleisch und Tomate; Räucherlachssalat; Käse und Thymian; Gorgonzola; gegrillte Pilze; Chorizowurst

Salat mit marinierten Meeresfrüchten

Zubereitungszeit: 40 Min.
Kühlzeit: 2 Std.
Garzeit: 10 Min.
Für 6 Personen

200 g Jakobsmuscheln mit Rogen
12 Miesmuscheln
2 Zitronenscheiben
2 Lorbeerblätter
1 Msp. getrockneter Thymian
12 rohe Garnelen, geschält und vom Darm befreit
250 g Brokkoli, in kleine Röschen geteilt
3 TL Kapern
20 trocken mit Salz eingelegte Oliven
3 Frühlingszwiebeln, gehackt
½ grüne Paprikaschote, gewürfelt
4 EL Olivenöl
2 EL Zitronensaft
1 TL Dijon-Senf
1 Knoblauchzehe, zerdrückt
Salz und Pfeffer, nach Geschmack

1. Den schwarzen Darm und die kleine weiße Sehne von den Jakobsmuscheln entfernen. Alle Muscheln säubern und entbarten. Alle offenen Muscheln, die sich auch nach Klopfen nicht schließen, wegwerfen.
2. Zitronenscheiben, Lorbeerblätter, Thymian und 750 ml Wasser in einen Topf geben und aufkochen lassen. Jakobsmuscheln hineingeben und 30 Sekunden bis 1 Minute kochen, bis sie weiß werden. Auf Küchenpapier abtropfen lassen. Garnelen in den Sud geben und 2–3 Minuten gar kochen. Auf Küchenpapier abtropfen lassen. Miesmuscheln in den Sud geben und abgedeckt 5 Minuten kochen, bis sie sich geöffnet haben, dabei den Topf gelegentlich schwenken. Alle ungeöffneten Muscheln wegwerfen, die restlichen auf Küchenpapier abtropfen lassen. Eine halbe Schale von jeder Muschel wegwerfen. Alle Meeresfrüchte in eine Schüssel geben.
3. Etwas frisches Wasser zum Kochen bringen und den Brokkoli darin 2 Minuten kochen. Abtropfen lassen und zusammen mit Kapern, Oliven, Frühlingszwiebeln und Paprika zu den Meeresfrüchten geben.
4. Öl, Zitronensaft, Senf, Knoblauch und etwas Salz und Pfeffer verrühren. Über die Meeresfrüchte geben und den Salat mischen. Vor dem Servieren ca. 2 Stunden mit Klarsichtfolie abgedeckt kalt stellen.

NÄHRWERT PRO PORTION:
Eiweiß 18 g; Fett 3,3 g; Kohlenhydrate 1,6 g; Cholesterin 100 mg; 766 kJ (180 kcal)

Salat mit marinierten Meeresfrüchten (oben) und Rührei mit Spargel und Frühlingszwiebeln

Rührei mit Spargel und Frühlingszwiebeln

Zubereitungszeit: 15 Min.
Garzeit: 10 Min.
Für 6 Personen

250 g frischer Spargel
6 Eier
80 ml Sahne
1 EL Olivenöl
Salz und schwarzer Pfeffer, nach Geschmack
4 Frühlingszwiebeln, feingehackt

1. Holzige Enden vom Spargel entfernen und die Stangen in 4 cm lange Stücke schneiden. Spargel in einen Topf mit leicht gesalzenem, kochendem Wasser geben und 3 Minuten kochen. Abtropfen lassen und beiseite stellen.
2. Eier, Sahne und etwas Salz und frisch gemahlenen schwarzen Pfeffer in einer Schüssel verquirlen. Öl in einer Pfanne erhitzen, Frühlingszwiebeln hineingeben und bei mittlerer Hitze unter Rühren 2 Minuten dünsten. Hitze reduzieren und den Spargel in die Pfanne geben. Ei-Sahne-Mischung darübergießen und unter Rühren stocken lassen. Heiß servieren.

NÄHRWERT PRO PORTION:
Eiweiß 7,5 g; Fett 10 g; Kohlenhydrate 1,5 g; Cholesterin 198 mg; 545 kJ (130 kcal)

Spinat mit Rosinen und Pinienkernen

Zubereitungszeit:
15 Min.
Garzeit:
15 Min.
Für 6 Personen

500 g Blattspinat
2 EL Pinienkerne
1 EL Olivenöl
1 kleine rote Zwiebel, halbiert und in Ringe geschnitten
1 Knoblauchzehe, in dünne Scheiben geschnitten
2 EL Rosinen
1 Msp. gemahlener Zimt

1. Strünke vom Spinat entfernen und wegwerfen. Blätter waschen und in Streifen schneiden.
2. Pinienkerne in einer Pfanne bei mittlerer Hitze unter Rühren 3 Minuten hellbraun rösten. Aus der Pfanne nehmen.
3. Öl in der Pfanne erhitzen, Zwiebelringe hineingeben und bei schwacher Hitze 10 Minuten glasig dünsten, dabei gelegentlich umrühren. Bei mittlerer Hitze den Knoblauch zugeben und 1 Minute mitdünsten. Spinatblätter, Rosinen und Zimt zugeben und abgedeckt 2 Minuten dünsten, bis der Spinat zusammenfällt. Pinienkerne einrühren und abschmecken.

NÄHRWERT
PRO PORTION:
Eiweiß 3,5 g; Fett 8 g; Kohlenhydrate 4,5 g; Cholesterin 0 mg; 435 kJ (105 kcal)

Bacalao mit roter Paprika

Zubereitungszeit:
35 Min.
Kühlzeit: 10 Min.
Einweichzeit: 12 Std.
Garzeit: 25 Min.
Für 6 Personen

400 g getrockneter Salz-Kabeljau (Bacalao)
1 rote Paprikaschote
1 EL Olivenöl
1 kleine Zwiebel, gehackt
1 Knoblauchzehe, zerdrückt
¼ TL Chilipulver
1 TL Paprika
4 EL trockener Weißwein
2 reife Tomaten, feingehackt
1 EL Tomatenmark
1 EL frisch gehackte glattblättrige Petersilie

1. Kabeljau in reichlich Wasser 8–12 Stunden einweichen, dabei das Wasser fünf- oder sechsmal erneuern. Hierdurch verliert der Fisch überschüssiges Salz. Kabeljau in einen Topf mit kochendem Wasser legen und 5 Minuten kochen. Abtropfen und bis zur Weiterverarbeitung 10 Minuten abkühlen lassen. Haut abziehen und den Fisch in große Stücke zerpflücken, dabei alle Gräten entfernen. Stücke in eine Schüssel geben.
2. Backofengrill vorheizen. Paprikaschote vierteln und mit der Außenseite nach oben grillen, bis die Haut schwarz wird und Blasen wirft. In einem Gefrierbeutel abkühlen lassen, dann die Haut abziehen. In dünne Streifen schneiden.
3. Öl in einem Topf erhitzen, Zwiebel hineingeben und bei mittlerer Hitze 3 Minuten glasig dünsten, dabei gelegentlich umrühren. Knoblauch, Chilipulver und Paprika zugeben und 1 Minute mitdünsten. Bei starker Hitze den Weißwein zugeben und 30 Sekunden köcheln lassen. Hitze wieder reduzieren, Tomaten und Tomatenmark zugeben und 5 Minuten zu einer dickflüssigen Sauce kochen, dabei gelegentlich umrühren.
4. Bacalao in die Sauce geben und abgedeckt 5 Minuten köcheln lassen. Paprikastreifen und Petersilie vorsichtig unterrühren und mit Salz abschmecken. Heiß servieren.

NÄHRWERT
PRO PORTION:
Eiweiß 20 g; Fett 6 g; Kohlenhydrate 3 g; Cholesterin 255 mg; 649 kJ (155 kcal)

Spinat mit Rosinen und Pinienkernen (oben) und Bacalao mit roter Paprika

Marinierte rote Paprikaschoten

Zubereitungszeit: 20 Min.
Marinierzeit:
3 Std. oder 1 Nacht
Garzeit: 5 Min.
Für 6 Personen

3 rote Paprikaschoten
3 frische Thymianzweige
1 Knoblauchzehe, in dünne Scheiben geschnitten
2 TL frisch gehackte glattblättrige Petersilie
1 Lorbeerblatt
1 Frühlingszwiebel, in Ringe geschnitten
1 TL Paprika
4 EL Olivenöl extra vergine
2 EL Rotweinessig
etwas Salz und Pfeffer

1. Backofengrill vorheizen. Paprikaschoten vierteln und mit der Außenseite nach oben grillen, bis die Haut schwarz wird und Blasen wirft. In einem Gefrierbeutel abkühlen lassen, dann die Haut abziehen. In Streifen schneiden.
2. Paprikastreifen zusammen mit Thymian, Knoblauch, Petersilie, Lorbeerblatt und Frühlingszwiebel in eine mittelgroße Glas- oder Keramikschale geben und gut mischen.
3. Paprika, Öl, Essig und etwas Salz und Pfeffer gut verrühren. Über die Paprikamischung geben und mischen. Abgedeckt mindestens 3 Stunden, am besten über Nacht, kalt stellen. 30 Minuten vor dem Servieren aus dem Kühlschrank nehmen.

NÄHRWERT
PRO PORTION:
Eiweiß 1 g; Fett 9,5 g; Kohlenhydrate 2,5 g; Cholesterin 0 mg; 425 kJ (100 kcal)

Hinweis: Diese Paprikastreifen können im voraus zubereitet und bis zu 3 Tagen im Kühlschrank aufbewahrt werden.

Kichererbsen und Chorizo

Zubereitungszeit:
15 Min.
Einweichzeit: 1 Nacht
Garzeit: 1 Std. 10 Min.
Für 6 Personen

165 g getrocknete Kichererbsen
1 Lorbeerblatt
4 Gewürznelken
1 Zimtstange
1 l Hühnerbrühe
2 EL Olivenöl
1 Zwiebel, feingehackt
1 Knoblauchzehe, zerdrückt
1 Msp. getrockneter Thymian
375 g Chorizowürstchen, kleingeschnitten
1 EL gehackte Petersilie
Salz und gemahlener schwarzer Pfeffer, nach Geschmack

1. Kichererbsen in reichlich Wasser über Nacht einweichen. Gut abtropfen lassen und anschließend zusammen mit Lorbeerblatt, Nelken, Zimtstange, Brühe und 1¼ l Wasser in einen großen Topf geben. Zum Kochen bringen und bei starker Hitze 1 Stunde kochen, bis die Erbsen weich sind. Sollten die Erbsen länger brauchen, noch etwas Wasser zugeben. Es sollte zum Schluß nur wenig Flüssigkeit im Topf bleiben. Lorbeerblatt, Nelken und Zimtstange entfernen.
2. Öl in einer großen Pfanne erhitzen, Zwiebel hineingeben und bei mittlerer Hitze 3 Minuten glasig dünsten. Knoblauch und Thymian zugeben und unter Rühren 1 Minute mitdünsten. Bei stärkerer Hitze die Chorizowurst zugeben und 3 Minuten braten.
3. Kichererbsen samt Flüssigkeit in die Pfanne geben, gut umrühren und bei mittlerer Hitze ganz erhitzen. Vom Herd nehmen und die Petersilie einrühren. Mit Salz und frisch gemahlenem schwarzem Pfeffer abschmecken. Schmeckt heiß oder zimmerwarm.

NÄHRWERT
PRO PORTION:
Eiweiß 12 g; Fett 18 g; Kohlenhydrate 12 g; Cholesterin 30 mg; 1075 kJ (255 kcal)

Marinierte rote Paprikaschoten (oben) und Kichererbsen und Chorizo

Schinken-Champignon-Kroketten

Zubereitungszeit:
35 Min.
Kühlzeit:
2 Std.
Kühlzeit:
30 Min.
Garzeit:
20 Min.
Ergibt 18 Stück

90 g Butter
1 kleine Zwiebel, feingehackt
110 g Champignons, feingehackt
90 g Mehl
250 ml Milch
185 ml Hühnerbrühe
110 g Schinken, feingehackt
60 g Mehl zusätzlich
2 Eier, leicht verquirlt
50 g Paniermehl
Öl, zum Fritieren

1. Butter bei schwacher Hitze in einem Topf zerlassen und die Zwiebel darin 5 Minuten glasig dünsten. Champignons zugeben und bei schwacher Hitze 5 Minuten dünsten, dabei gelegentlich umrühren. Mehl zugeben und 1 Minute unter Rühren zu einer trockenkrümeligen, gelblichen Masse verrühren.
2. Masse vom Herd nehmen. Unter ständigem Rühren nach und nach die Milch zugeben, bis die Masse cremig ist. Brühe zugießen, den Topf wieder auf den Herd stellen und die Flüssigkeit unter ständigem Rühren aufkochen lassen. Alles zu einer sehr dickflüssigen Masse einkochen lassen. Schinken und etwas schwarzen Pfeffer einrühren und die Masse in einer Schüssel 2 Stunden abkühlen lassen.
3. Von der vollständig abgekühlten Masse jeweils 2 EL zu 6–7 cm langen Kroketten rollen. Zusätzliches Mehl, geschlagene Eier und Paniermehl getrennt in drei flache Schalen geben. Die Kroketten zuerst in Mehl, dann in den Eiern wenden, überschüssiges Ei abtropfen lassen. Zuletzt in Paniermehl wenden, auf ein Backblech legen und ca. 30 Minuten kalt stellen.
4. Einen Topf zu einem Drittel mit Öl füllen und auf 180°C erhitzen (ein Brotwürfel bräunt darin in 15 Sekunden). Die Kroketten portionsweise 3 Minuten rundum braun fritieren. Auf einem Küchenpapierstapel abtropfen lassen und heiß servieren.

NÄHRWERT PRO STÜCK:
Eiweiß 4 g; Fett 8 g; Kohlenhydrate 9 g; Cholesterin 40 mg; 510 kJ (120 kcal)

Schinken-Champignon-Kroketten

Brühe zur Champignonmischung geben und zu einer dicken Masse verrühren.

2 Eßlöffel der Masse zu Kroketten rollen.

Kroketten erst in Mehl, dann in verquirlten Eiern wenden.

Das Öl ist fritierfertig, wenn ein Brotwürfel darin in 15 Sekunden bräunt.

Gegrillter Thunfisch mit Olivensauce

Zubereitungszeit:
15 Min.
Garzeit:
5 Min.
Für 4 Personen

3 reife Tomaten, abgezogen, entkernt und gehackt
2 EL Kapern
2 TL feingeraspelte Zitronenschale
1 EL Zitronensaft
4 Frühlingszwiebeln, feingehackt
1 EL frisch gehackte glattblättrige Petersilie
1 Knoblauchzehe, zerdrückt
12 schwarze spanische Oliven, entsteint
3 EL Olivenöl extra vergine
Salz und frisch gemahlener schwarzer Pfeffer, nach Geschmack
600 g Thunfischsteaks, in 2 cm große Würfel geschnitten

1. Tomaten, Kapern, Zitronenschale, Zitronensaft, Frühlingszwiebeln, Petersilie, Knoblauch, Oliven und 2 EL Olivenöl in einer Schüssel mischen. Mit Salz und schwarzem Pfeffer abschmecken und beiseite stellen.
2. Das restliche Öl in einer antihaftbeschichteten Pfanne erhitzen, Thunfischwürfel portionsweise hineingeben und bei starker Hitze 1–2 Minuten braten, dabei einmal wenden. Der Thunfisch sollte nicht ganz durchgebraten sein, da er sonst trocken wird. Fisch in eine flache Schale geben.
3. Die Olivensauce über den Fisch geben und warm servieren.

NÄHRWERT PRO PORTION:
Eiweiß 35 g; Fett 4,5 g; Kohlenhydrate 2,5 g; Cholesterin 105 mg; 765 kJ (180 kcal)

Gefüllte Champignons

Zubereitungszeit:
25 Min.
Kühlzeit:
1 Std.
Garzeit:
25 Min.
Ergibt ca. 28 Stück

850 g Champignons
40 g Butter
1 kleine Zwiebel, feingehackt
100 g Schweinehackfleisch
60 g Chorizowurst, sehr klein geschnitten
1 EL Tomatenmark
2 EL Paniermehl
1 EL frisch gehackte glattblättrige Petersilie

1. Stiele von den Champignons entfernen und fein hacken. Beiseite stellen.
2. Butter bei schwacher Hitze in einem Topf zerlassen, Zwiebel hineingeben und 5 Minuten dünsten, dabei gelegentlich umrühren. Bei starker Hitze das Schweinehackfleisch zugeben und 1 Minute braten, dabei gelegentlich umrühren und alle Klümpchen zerstoßen. Pilzstiele und Chorizostücke zugeben und 1 weitere Minute zu einer trockenen braunen Masse braten. Tomatenmark und 125 ml Wasser zugeben. Aufkochen lassen und bei schwacher Hitze 5 Minuten zu einer dickflüssigen Sauce einkochen lassen. Paniermehl einrühren und 1 Stunde abkühlen lassen.
3. Backofen auf 210°C vorheizen. Ein Backblech leicht einfetten. Ca. 1½ TL der abgekühlten Fleischmasse in jeden Pilzhut füllen und mit einem Streichmesser zu einer leichten Wölbung formen. Champignons auf das Backblech legen und auf der oberen Schiene ca. 10 Minuten backen. Mit Petersilie bestreuen und heiß servieren.

NÄHRWERT PRO STÜCK:
Eiweiß 2,5 g; Fett 2 g; Kohlenhydrate 1 g; Cholesterin 6,5 mg; 125 kJ (30 kcal)

Gegrillter Thunfisch mit Olivensauce (oben) und Gefüllte Champignons

Register